官德的力量

GUAN DE DE LI LIANG

为官者重德、崇德、厚德、行德
与人民合拍、合向、合力、合心

刘洋◎编著

中国言实出版社

图书在版编目（CIP）数据

官德的力量 / 刘洋编著. --北京 ：中国言实出版社，2014.1

ISBN 978-7-5171-0329-5

Ⅰ. ①官… Ⅱ. ①刘… Ⅲ. ①干部—道德修养—中国—学习参考资料 Ⅳ. ①D630.3

中国版本图书馆 CIP 数据核字（2013）第 306313 号

责任编辑：周汉飞　谷　力

出版发行　中国言实出版社

地　址：北京市朝阳区北苑路 180 号加利大厦 5 号楼 105 室

邮　编：100101

电　话：64924714（发行部）　64924735（邮　购）

64924853（总编室）　68581667（少儿中心）

网　址：www.zgyscbs.cn

E-mail：zgyscbs@263.net

经　销　新华书店

印　刷　三河市南阳印刷有限公司

版　次　2014 年 1 月第 1 版　2014 年 1 月第 1 次印刷

规　格　710 毫米×1000 毫米　1/16　15.75 印张

字　数　203 千字

定　价　29.80 元　　ISBN 978-7-5171-0329-5

前　言

FOREWORD

自古以来，为政者大多看重道德力量，讲究以德服人。古人说：“政者，正也。子帅以正，孰敢不正?”对于为政者来说，德为权之灵魂，权为德之体现。以德行权为民之大幸。从古至今，官德对社会道德风气和国家的兴衰成败均起着决定性的作用。官德隆，民德昌，国家兴；官德毁，民德降，国家衰。医有医德，师有师德，艺有艺德；行业有行业道德，社会有社会公德。因此，当官也应有官德。官德是为官当政者从政德行的综合反映。对领导干部而言，道德门槛还应该比普通百姓更高一些。

所谓“官德”，是指领导干部、公务人员在一定岗位上履行职责的过程中，思想和行为方面应当遵循的道德规范和准则，是公民道德规范在领导岗位实践中的具体化。同时，也是社会对干部职务的具体道德要求。领导干部在国家政治生活和军队建设中处于领导和表率地位，自身道德修养，对群众具有强烈的示范和导向作用。孔子说：“为政以德，譬如北辰，居其所，而众星共之。”领导干部的德行，直接影响着人民生活和社会秩序。传说舜在历山种田，历山的农民都不再争地界；舜在雷泽捕鱼，雷泽的渔民都互相礼让。舜所住的地方，一年聚成村落，两年成了乡镇，三年就变成都市了。这就是“为政以德”的力量所在。

领导干部注重修养，道德高尚，如磁石、如号角、如清风，能够产生强大的吸引力、感召力和凝聚力；领导干部道德败坏，不仅难以服众，还会败坏党的声誉，带坏社会风气。

现实生活中，绝大多数领导干部和国家公职人员牢记党的宗旨，恪守为官之德，在思想道德建设上走在了全社会前列，赢得了人民群众的信任和爱戴。但也确有少数官员理想信念动摇，丧失官德，被物欲、金钱欲、占有欲所支配，大搞权钱交易、以权谋私，腐化堕落，走上违法犯罪的道路。无数事实证明，良好的“官德”修养，是领导干部谋事成事的基础。领导干部本事再大，如果没有良好的“官德”作保障，就难以贯彻“立党为公，执政为民”的要求，难以做到权为民所用、情为民所系、利为民所谋，甚至能力越大对国家和人民利益的损害越大。

本书汲取中国历史上近百位杰出政治家的从政道德精华，向广大从政者传达为官执政之道，望能成为党政领导干部提高自身修养的一个优秀读本。

常修为官之德，关键是要解决好世界观、人生观、价值观的问题。高尚的思想道德是一点一滴养成的。修德是一个实践的过程，也是一个学习、反思、提高的过程。常修为官之德，不能满足于一般的修身养性，而必须从实践党的宗旨和推动党的事业的高度，认认真真、坚持不懈才能得以健康发展。党政领导干部只有坚持认真学习党的科学理论，高度重视和加强官德修养，以高尚的品格、突出的业绩、无私的情怀实施有效的领导，重德、崇德、厚德、行德，才能塑造新时期共产党人和领导干部的良好形象，无愧于党的重托和人民的厚望。

目　录

CONTENTS

第一章　公：去私从政　克己奉公

公心是官德的核心。官员应该树立一心为公、一心为民的权力责任观，树立为人民服务、为人民负责的神圣使命感。凡事要向人民负责、向国家负责、向社会负责。这既是领导干部行使权力的出发点，也是其归宿。

第二章　忠：为国为民　忠贞不贰

忠诚是官德的灵魂。忠诚，是传统文化所推崇的基本道德范畴，也是衡量一个人品格的基本标准。忠诚的官员，其行动必须与国家和人民合心、合拍、合向、合力。以忠诚铸官德，领导干部的信仰才会越来越坚定。

第三章　廉：清廉自守　不贪不贿

廉洁是官德的底线。如果失去了廉，也就失去了为官的基本资格。老实做人，清白为官，常思贪欲之害，常怀律己之心，自奉俭约，不贪不贿，使自己的言行合乎道德法律，合乎社会公义，才能以良好的党风政风带动整个社会风气的好转。

第四章　正：立身持正　刚强不阿

正直是官德的基石。人生在世，只有把自己这个“人”字写正了，才会有服众的底气和被尊敬的资格，真正做到“不诱于誉、不恐于诽”。为官从政，必须先打好正直高尚的道德根基。“格物、致知、诚意、正心”，然后才能谈得上“修身、齐家、治国、平天下”。

第五章　勤：鞠躬尽瘁　勤勉务实

勤勉是官德的保障。“人而不勤，万事俱废”。自古勤政者，大都以勤苦自励，念念于民事。官员要把停滞不前和自甘落后作为最大耻辱，大兴干事创业之风。勤而成事，勤而理政，要求领导干部提高服务效能、服务质量，使人民满意。

第六章　慎：朝乾夕惕　谨慎小心

谨慎是官德的堤防。为官者，应该“吾日三省吾身”，注意修身律己，做到自重、自省、自警、自励，珍惜自己的名誉，保持人格的纯正。在没有外界监督的情况下，也能按道德要求处事做人。依靠高度的道德觉悟和自觉精神，从而真正实现道德上的自律。

第七章 仁：以民为本 仁爱惠民

仁爱是官德的内涵。“仁者爱人”，是中国传统美德的重要内容，也是构建和谐社会的道德理念。领导干部应心怀仁慈和悲悯之心。官员应当关心民瘼，不能对百姓疾苦麻木不仁。只有为百姓办实事、解难题，只有同甘苦、共患难，才能同心合力实现国家复兴的伟业。

第八章 宽：有容乃大 傲不可长

宽厚是官德的境界。领导干部要有宽大的雅量、宽广的气度、宽阔的胸怀，善于容人、容事、容言，培养出“登泰山一览众山小、临大海海纳百川无”的境界，才能做到团结一切可以团结的人，宽容一切可以宽容的事，凝聚一切可以凝聚的力量。

第一章 Chapter 1

公

去私从政　克己奉公

公心是官德的核心。官员应该树立一心为公、一心为民的权力责任观，树立为人民服务、为人民负责的神圣使命感。凡事要向人民负责、向国家负责、向社会负责。这既是领导干部行使权力的出发点，也是其归宿。

官德须记　公心第一

大道之行也，天下为公。

——《礼记·礼运》

天下为公，是中华民族传统美德的重要规范，既是个人修养的最高要义，也是社会道德的至高原则，更是官员道德的核心内容和首要标准。中国历史上的官吏，从来不是一家一姓之私奴，而是国家的管理人、社稷的维护者。

明末启蒙思想家王夫之在《续通鉴论》中，以“天下为公”为武器批判封建制度，提出“公天下”的主张，认为“天下非一家之私”。另一位思想家黄宗羲也指出“天下之治乱，不在一姓之兴亡，而在万民之忧乐”。顾炎武更进一步指出，“国家”是属于一家一姓的王朝。而“天下”则是匹夫所共有。近代思想家梁启超把顾炎武的这一思想概括为“天下兴亡，匹夫有责”，把“天下为公”的道德理想转化成为个人的道德要求，激励着后代志士仁人为中华民族的盛衰兴亡大业而奋斗不息。

其实早在《尚书》、《左传》等典籍中，就有“以公灭私”，“公家之利，知无不为”，“临患不忘国”的规范性要求。墨家主张“举公义，辟私怨”，法家强调“无私”、“背私”，道家提出“圣人无心，以百姓心为心”。而儒家尤为重视“为公”之德，提倡“致忠而公”，弘扬“天下为公”的思想。

北宋天圣六年，刚刚升任秘阁校理的范仲淹上书朝廷，要求刘太后撤销垂帘听政，还政于已经年满二十的仁宗。朝廷对此默不作答，却降下诏令，左迁范仲淹为河中府通判。同僚践行，大家举酒赞道：“范君此行，极为光耀啊！”

三年后，刘太后薨。范仲淹回京任右司谏，再次介入政争，上书极力谏阻仁宗废后。朝廷降旨左迁范仲淹为睦州知州。同僚践行，举酒赞许道：“范君此行，愈觉光耀！”

后来范仲淹又被调回京师任开封知府。此时，宰相吕夷简任人唯亲，朝中腐败不堪。范仲淹对宰相用人制度提出尖锐的批评。吕夷简却诬蔑范仲淹勾结朋党，离间君臣。范仲淹再次被贬为饶州知州。这次只有好友王质扶病载酒而来践行，并赞道：“范君此行，尤为光耀！”范仲淹听罢哈哈大笑道：“仲淹前后‘三光’了，下次如再送我，请备一只整羊，作为祭奠吧！”

范仲淹以国事为重，不计私利，三次被贬三次光荣。他吟诵出的“先天下之忧而忧，后天下之乐而乐”的格言，也成为后世纯臣循吏所恪守的准则。

所谓“普天之下莫非王土，率土之滨莫非王臣”，然而在中国传统政治制度中，天下却并非皇帝一人所“私有”，因此皇帝也不能为所欲为。魏晋南北朝时期，我国的“三省六部”制的行政体制就开始形成。中枢“三省”各有分工：“中书主受命，门下主封驳，尚书主施行”。其中“门下省”的设置，是其他国家没有的。皇帝下一个诏书，门下省如果认为不妥，可以把它挡回去。

北宋人侯延庆的《退斋笔录》记载，元丰年间，由于陕西方面对西夏用兵失利，宋神宗非常恼火，打算“杀一儆百”，处死一名漕运官员，并把这事交给宰相蔡确去办。可是蔡确当面反驳：“祖宗以来，未尝杀过士人。”宋神宗说：“然而此人贻误大事实在可恨。既然不能杀头，那就在脸上刺字，发配到边远之地。”蔡确同意了。没想到门下侍郎章惇又跳了出来，说：“士可杀不可辱。陛下要是这样做，还不如杀了他。”

宋神宗听了很不开心，恼恼地说："这也不行，那也不行，朕快意事一件也不得做！"章惇不仅没有收敛，反而不紧不慢地说："如此快意事，不做也好。"宋神宗默默无语，最后也只好收回成命。

到了明清两代，由于中央集权的加强，"宰相"这个职位取消了，皇权受到的限制在历朝历代中是最小的。然而在清末，却发生了一起地方官员"抗旨不遵"的大事件。

1900年，义和团运动在北方兴起，掀起了反帝运动的高潮。英、美、法、德、意、日、俄、奥八国借口保护侨民，组成联军入侵中国。慈禧太后原本已经下令"解散拳民"，但是在收到"列强要求还政于光绪皇帝"的假情报后，为了保护自己的权力，悍然以皇帝的名义下诏，同时向英、美、法、德、意、日、俄、西、比、荷、奥十一国宣战，并要求各地督抚支持义和团，带兵"北上勤王"。战争最后以中国战败，北京陷落，赔款白银4.5亿两而告终。

在清室尚未向各国宣战之前，两广总督李鸿章、两江总督刘坤一、湖广总督张之洞、邮政大臣盛宣怀等重要官员就意识到"乱民不可用、邪术不可信，兵衅不可开"，"若不量力而轻于一试，恐数千年文物之邦，从此已矣"，于是开始商议如何保持东南各省的稳定，避免列强有借口入侵。宣战诏书一出，盛宣怀下令各地电报局扣下诏书，李鸿章覆电朝廷说："此乱命也，粤不奉诏。"随后，李鸿章、刘坤一、张之洞、闽浙总督许应骙、山东巡抚袁世凯、浙江巡抚刘树棠、安徽巡抚王之春和广东巡抚德寿与各参战国达成协议，要求"无论北方情形如何，请列国勿进兵长江流域与各省内地"，史称"东南互保"。陕西巡抚端方、四川总督奎俊也"抗旨不遵"。

东南互保运动，使河北、山东以外的地区免于战乱的波及，人民的生命财产得到了保护。究其根源，在于官员们深知自己不仅是朝廷的官员，更是"天下"的官员。即使其中的满族官员按照规矩必须在皇帝和太后面前自称“奴才”，但他们也不能全听“主子”的指使，更要以天下苍生为念。

在新的历史条件下，官员的本质更是被牢牢地定位于“国家公职人员”。无论多大的领导干部，手中拥有多少权力，都是国家的“公务员”，是人民的“公仆”，必须要弘扬“天下为公”的精神，以天下为己任，与国与民同呼吸共命运，国而忘家，公而忘私，义而忘利，一心为了祖国的强盛和人民的安康而不懈奋斗，无私奉献。不可须臾忘记，而当时时践行。

官德核心　力求公平

天公平而无私，故美恶莫不覆；地公平而无私，故小大莫不载。

——《管子·形势解》

官员一心为公，首先要做到“公平”。

地球上的资源是有限的，如何实现资源的公平分配是人类自古以来争议不休的话题。实践证明，不平等是一切社会问题产生的根源，包括制度、理念，体制机制以及政策措施等不公平的政治必然带来无法调和的利益冲突。所以孔子说：“不患寡而患不均，不患贫而患不安。”作为官员，在依法行使社会管理职权的时候，如果不能做到“一碗水端平”，就会导致社会不公，危及安定。

唐太宗李世民曾经对大臣说：“我近来见到隋代的旧臣遗老，他们都称赞高颎是做宰相的人才。此人真可说是公平正直，能识大体。可惜遇到隋炀帝这样的无道昏君，被冤杀了。诸葛亮做丞相也非常公平正直。陈寿称：‘诸葛亮执政，开诚心，布公道，尽忠国家，在当时做了不少有益于国家的事。虽是仇人，该赏的也必须奖赏；对违反法纪玩忽职守的人，虽是最亲近的人也必须惩罚。’我如今常仰慕前代那些贤德的帝王，你们也可仰慕那些贤德的宰相，如果能这样做，那么荣耀的名声和高贵的地位，就可以长久保持了。”

房玄龄对答道：“臣听说治理国家的关键，在于公平正直，所以《尚书》说：‘无偏无党，王道荡荡。无党无偏，王道平平。’孔子还说：‘举直错诸枉，则民服。’如今圣上推崇的治国原则，确实体现了政教的根本，极尽至公的要义，可以用来囊括宇内，教化天下。”

李世民说：“这正是我所想的，但我怎能只对你们说说而不去实行呢?”

不过人皆有亲亲疏疏之情，要做到公平并不是那么容易的。长乐公主是长孙皇后所生，出嫁的时候，太宗敕令有司陪送的嫁妆比当年高祖之女永嘉长公主高出一倍。魏征上奏说：“以前东汉明帝准备封赏他的儿子，说：‘我的儿子怎么能跟先帝的儿子得到同样多的封赏呢？参照先帝之子楚王、淮阳王的一半去封赏吧。’现在皇帝的姊妹称为长公主，女儿称为公主，既然在前面多了一个‘长’字，就说明比公主的身份尊贵。如果公主的礼节逾越了长公主，恐怕是不妥的，希望您能够三思。”李世民听后，采纳了魏征的意见。长孙皇后听说后，又请求太宗赏赐给魏征五百匹锦帛。

公平之德，首先要体现在裁判案件上。一次，李世民召见长孙皇后的哥哥、吏部尚书长孙无忌。长孙无忌没有解下佩刀就走进宫殿，出来的时候监门校尉才发觉。尚书右仆射封德彝认为监门校尉失职，其罪行该当处死，长孙无忌误带刀进殿，应判刑两年，罚铜二十斤。李世民表示同意。大理少卿戴胄反驳道：“校尉没有察觉，长孙无忌带刀进殿，同样是过失。律法规定：‘供给皇上汤药、饮食、舟船，失误不依法规的人，都当死罪。'陛下如果要将功折罪，从轻处理长孙无忌，这便不是法司部门所能够决定的；如果依法，这样处理就不公平。”李世民说：“法律不是我一人的法律，是天下的法律，怎么能够因为长孙无忌是皇亲国戚，便想要变动法律呢?”于是也赦免了校尉的死罪。

其次，公平体现在官员的举荐任用上。最有名的是祁奚“外举不避仇，内举不避亲”的故事。祁奚，字黄羊，是春秋时晋国的大臣。一次晋平公问祁黄羊：“南阳地方没有长官，谁适合去补这个缺?”祁奚回答：“解狐适宜。”平公说：“解狐不是你的仇人吗?”祁奚回答：“您问的是谁适宜去南阳，并不是问的谁是我的仇人呀。”

隔了一些时候，平公又问祁奚：“国家缺少了帅尉，谁适宜担任这个工作?”他回答：“祁午适宜。”平公说：“祁午不就是你的儿子吗?”他回答：“您问的是谁适宜做帅尉，并不是问的谁是我的儿子呀。”

孔子听到了这些事，说：“祁黄羊推荐外人不排除仇人，推荐自己人不回避儿子，可以说是大公无私了。”

中国古代更是通过科举制的确立，从制度上维护了官员任命的相对公平。秦朝以前，采用“世卿世禄”制度，父亲当什么官，儿子就当什么官。只有少数人可以通过军功或者君主的赏识谋得官位。到了汉朝，为提拔民间人才，实行了察举制与征辟制，前者是由各级地方推荐德才兼备的人才，后者是中央和地方官府向社会征辟人才。这也要因人成事，有很多弊端。魏晋时创立了九品中正制，将察举之权改由中央任命的官员负责。但由于世族势力强大，后来甚至所凭准则仅限于门第出身，造成“上品无寒门，下品无士族”的现象。直到隋唐以后，把选拔官吏的权力收归中央，废除九品中正制，开始采用分科考试的方式选拔官员。除了极少数人被限制不得参加考试以外，普通人通过苦读诗书，依靠自己的聪明才智，就可以成为官员，这才有了不少“朝为田舍郎，暮登天子堂”的佳话。

现在，科举制度已经废除，取而代之的是更为科学的公务员选拔体制。通过公平选拔出来的国家公职人员，又有什么理由不去主动维护社会公平呢?

官员管理的是公共事务，公共的必然是公平的，因此公平应成为官德的核心理念和价值，公平为官必然是推行社会公平的必然选择。在当今社会，唯有官员践行公平价值理念，通过公平执法、公平行政，才能促使广泛的社会公平的实现。无论什么时候，也只有官员才能担负起社会公平的使命，成为社会公平的主要提倡者和推动者。广大领导干部、国家公务员必须在推进社会整体利益最大化的过程中实现人民的利益和社会的公平。

公正为先　私心难惑

夫居官守职以公正为先。公则不为私所惑，正则不为邪所媚。

——（明）汪天赐《官箴集要》

公平虽然保证了程序上的平等，但有时候并不能带来实质上的平等。比如说科举制度，在历史上已经是相当公平的制度了，但是对于很多下层人民来说，每天要辛苦工作，没有什么时间攻读诗书，培养子弟读书也非常艰难。实际上大多数能够中举做官的人，家境至少是中等。

比“公平”更进一步的则是“公正”，即在“公平”的基础上加上“正义”。“正义”一词，通常指人们按一定道德标准所应当做的事。《荀子》中说：“不学问，无正义，以富利为隆，是俗人者也。”就是说，人们的行为不能仅仅用金钱多少去衡量，更要以是否正义为标准。

公正是为一定的道德体系所认可的对社会成员之权利和义务的恰当分配，是社会关系的均衡合理以及达到这种均衡合理的关系所要恪守的规范尺度。历代许多思想家、政治家和德高望重的名臣也曾从不同角度申论官德之内涵。他们首先都强调居官者必须具备“公正无私”之德。《淮南子》说：“公正无私，一言而万民齐。”意为居官从政者有公正无私之德，说一句话也能使万民听从，团结一致。灭私欲除私利，百姓才能信赖归服；不偏袒少数人利益，不结党营私，国家的政令就能畅通，国家就能兴旺发达。

汉光武帝刘秀举兵时，祭遵在刘秀军中担任管理军中市场的“军市令”。一次，刘秀的侍从犯了法，祭遵依法当场处死了他。刘秀知道后勃然大怒，下令收捕祭遵加以惩处。主簿陈副劝阻说：“您常想让众军整肃。现在祭遵执法毫无避忌袒护，这正是照您的命令行事啊！”于是刘秀赦免了祭遵，还封他为“刺奸将军”。刘秀对麾下将领说：“你们要小心祭遵啊。我的亲信犯了法，尚且被他处死；你们如果犯了法，他也决不会徇私情的。”

遵行公正的道德准则要比遵行公平的准则困难，需要官员不拘泥于制度，而是深入调查研究，了解客观实际，突破制度的客观局限性和文牍官僚主义的束缚，在发展中做到“为人民服务”。

明代的海瑞在总结断案经验时，曾经提出过著名的“海瑞定理”：“窃谓凡讼之可疑者，与其屈兄，宁屈其弟；与其屈叔伯，宁屈其侄；与其屈贫民，宁屈富民；与其屈愚直，宁屈刁顽。”作为主持诉讼的官员，自然应当“以事实为依据，以法律为准绳”，但是有时候证据不足，法律缺失，在古代通信不发达的情况下，很难召集大家“开会讨论”，以民主制度解决问题。海瑞认为，在这种情况下，应当偏向兄长、叔伯、贫穷和“愚直”之人，即使这样做有可能让弟弟、子侄、富人和“刁顽”之人受到冤屈。在海瑞看来，这样做是符合儒家道德的，能够维护社会的“正义”。

海瑞还说，“事在争产业，与其屈小民，宁屈乡宦，以救弊也。事在争言貌，与其屈乡宦，宁屈小民，以存体也”。有功名的人和普通百姓争夺财产，要偏向普通百姓，这是因为“为富不仁比比有之”，要保护百姓的财产不被有权有势的人夺走。但是有功名的人和普通百姓“贵贱有别”，所以小民和乡宦打“名誉权”的官司，要偏向乡宦。从这里我们也可以看出，“正义”原则是有历史属性的。何者为“正义”，其内涵会随着时代的变迁而发展。但是海瑞也说，“若乡宦擅作威福，打缚小民，又不可以存体论”，从而保障了普通百姓的合法权益。

海瑞创造性地提出这六种差别性对待原则，是因为他坚决反对“和稀泥”，认为所有案件，无论事大事小，都必须以是非曲直为基础依法处理。而以往的官员在遇到案情难以判定时，往往让被告承担六成责任，也让原告承担四成责任，“使二人曲直不甚相远，可免愤激再讼”。海瑞认为这样做是“懒政”，反而会增加“刁民告刁状”的现象。而“君子之于天下曲曲直直，自有正理”，只有遵循儒家道德规范，才能符合正义，使人民各安其所，社会秩序得以稳定。

社会公正是一个古老恒久的话题，自人类社会有史以来，人们便开始思考如何让社会变得更加公正。社会公正又是一个常谈常新的话题，随着人类社会的发展，人们对社会公正总会不断提出新的要求。作为衡量社会文明与进步的一个重要尺度，公正始终与人类社会发展相伴相随。马克思主义伦理学认为，正义与否的客观标准主要在于其行为是否符合社会发展的要求与广大群众的利益。

公正作为一种重要的伦理原则，贯穿于人类生活的各个领域，而最需要公正的领域则是公共行政的领域。国家公职人员在管理社会、执行法律时，一方面必须切实赋予社会成员生存权、受教育权、就业权以及社会保障权等最基本的权利，同时保障履行义务者的相应权利不受侵犯，使那些尽享权利、逃避义务的人受到惩罚；另一方面必须制定公正的政策和规则，调整社会对弱势群体的偏见和政策结构布局，使不同领域、不同条件、不同环境的每一个社会成员都能得到政府赋予的机会，保证社会公正的各项准则被公正地执行。

政府官员作为社会公正的代表，有责任和义务履行对公民的职责，维护公民的权利，增进公民的利益。作为官德之基石的公正是社会孜孜以求的价值目标，是公共行政的一个至关重要的伦理原则。在民主宪政国家中，官员的权力来源于人民，在任何时候，唯有官员的公共行政，才能保持理性，担当起提供社会公正的使命。

政务公开　行政透明

法者，国家所以布大信于天下。

——（后晋）刘昫《旧唐书·戴胄传》

政治学家认为，“公”在政治领域有三个基本内涵：公平、公正和公开。一般来说，“公平”和“公正”是人们普遍追求的，然而“公开”却经常被人们所忽视。

行政公开的目的在于增加行政的透明度，加强公众对行政的监督，防止行政腐败，保护公民的合法权益。行政公开是现代社会行政活动所遵循的一项基本原则，具有重要意义。首先，行政公开可以实现公民的知情权，满足公民对信息的需要。在现代社会，公民有权了解政府的活动，而政府对其制定的政策、规章以及作出的具体决定，有义务向公众公开，接受公众的监督。

在古代社会，管理国家是贵族的“专利”。整个国家包括人民都是贵族的“私有财产”，贵族想干什么，“臣民”无须参与，只要最后向某个人公布一下就可以了。显然，在现代民主法制社会，这样的做法是行不通的。“暗箱操作”、独断专行，无疑会招致人民的反对。历史证明，开明的封建贵族也会意识到政治公开的好处。

子产是郑国贵族，大约与孔子同时，当时最负盛名的政治家，受到孔子的称赞。子产在郑国执政期间，顺应历史潮流，推行了一系列政治、经济、法律的改革措施。其中最有名的，是他在昭公六年，将“刑书”铸在鼎上，公布于众。这在中国法律史上却是首创。

“刑书”即刑法条文，是国家权力的象征。旧贵族认为，“昔先王议事以制，不为刑辟，惧民有争心也”，这种秘而不宣的刑法原则，就是让百姓处于“刑不可知，则威不可测”的恐惧之中，以利于奴隶主贵族们独断专“刑”。而法律公布以后，人们知道了刑书的条文，就不会再看重道德，遵守礼仪，而会去“征于书”，去钻法律条文中的空子。而且刑书一旦公布，人们就可以知道官员审判案件时是否合理合法。这样，社会舆论就会对官员产生一股强大的监督力。他们认为这样做会严重侵害贵族利益，百姓就不好治理，并断言“乱狱滋丰贿赂并行，终子之世，郑其败呼！”而子产认为，铸刑书是为了“救世”，巩固社会诸方面的改革成果，新刑法的公布没有违背礼的原则，而是对传统礼的改良，对传统礼的革新是时代的要求。

事实证明，子产的观点是正确的。法律的公布，为引导个人行为和社会秩序提供了标准规范，使人们的行为知所规避、有所选择，从而按照统治者预设的标准规范行事。法律公开为百姓知法提供了可能，知法才能遵法守法，所谓“万民皆知所避就”，其实就是他们所倡导的社会法治状态。为了更好地宣传法律，一些诸侯国在公布法律的基础上还设置专门负责解释法律的“法官吏”来教导百姓和其他官吏，“以法为教”、“以吏为师”，从而达到普及法律、教化百姓的目的。反之，如果法律不公开，法律教化就没有条件和内容。

二十多年后，晋国的赵鞅、荀寅把范宣子制作的成文法铸在铁鼎上，公之于众。法律的公开慢慢成为为政者的“常识”。管仲更是明确提出法律不公开所产生的社会危害：“令未布，而民或为之，而赏从之，则是上妄予也。上妄予则功臣怨，功臣怨而愚民操事于妄作，则大乱之本也。令未布，而罚及之，则是上妄诛也。上妄诛则民轻生，民轻生则暴人兴，曹党起而乱人作矣。”一系列公布成文法活动产生了广泛的社会反响。战国时期李悝出任魏国相，主持制定了我国第一部系统的成文刑法典《法经》，至秦汉之后，每个朝代都要公布新的律书，以昭示自己的“正统”地位。

行政公开的目的在于增加行政的透明度，加强公众对行政的监督，防止行政腐败，保护公民的合法权益。行政公开是现代社会行政活动所遵循的一项基本原则，具有重要意义。

首先，行政公开可以实现公民的知情权，满足公民对信息的需要。在现代社会，公民有权了解政府的活动，而政府对其制定的政策、规章以及作出的具体决定，有义务向公众公开，接受公众的监督。其次，行政公开有利于公民对行政事务的参与，增强公民对行政机关的信赖。知情权是公民实现其政治权利及其他相关权利的前提条件。公民只有在充分、确实了解政府活动的基础上，才能有效参与国家事务和社会事务的管理。在现代社会，行政机关活动的一个重要的变化是，行政行为从命令式向社会管理和社会服务职能的转变，行政机关的任务需要公民的合作才能完成。行政公开通过加强行政机关与公民之间的沟通和了解，促进了公民对行政的参与，有助于维护公民对政府的信赖。最后，加强对行政机关的监督，防止行政腐败。行政公开是监督行政机关的一条非常重要的途径，所谓阳光是最好的消毒剂。如果将政府的规章、政策以及行政活动的过程和结果予以公开，使公众有权知悉和公开评论，可以有效地防止行政专断和腐败。

官员依法行政，必须抛弃“民可使由之不可使知之”的封建愚民思想，抛弃视公民为被管理者或被统治者的官本位观念，牢记“公开”义务，自觉接受人民的监督。

公开财产　取信于民

官之富重也，乱功之所生也。

——《韩非子·八经》

官员财产公开似乎与百姓的关系不大。殊不知这也是行政公开的重要法则。官员财产申报制度是反腐倡廉的有效制度保障，公开财产是官员取信于民的重要措施。随着我国政治体制改革的日益深入，广大人民要求官员公开财产状况的呼声也随之愈发强烈。

在古代科举考试制度完善以前，官员也要向国家申报财产。这主要是为税收考虑。有财产的人就要纳税，国家为了鼓励纳税，就规定有一定财产的人才有做官的资格。汉初这个标准是十万钱，汉景帝时降到了四万钱。当公务员的门槛低了，但财产税的起征点也低了，这是权利和义务相一致。

古代的财产申报制度很详细，但执行环节是关键。汉武帝时严刑峻法，没人敢隐瞒财产，因为汉武帝鼓励民间检举，谁告发藏匿家产的，查出来就赏一半给他。汉武帝死后，告发制度废除，官员家产迅速增长。汉昭帝时，朝廷曾经征集了几十位民间学者，让他们建言献策，御史大夫桑弘羊主持讨论会。这些学者们提意见说："如今官员都太有钱了。"桑弘羊理直气壮地说："我给国家干了一辈子，几十年工资攒下来，又会投资理财，这点家产都是合法的。"学者们又说："官员自己的财产没问题，但家属、子女都说不清，他们的小妾穿的是最昂贵的时装，儿子们坐的都是宝马豪车，这些在财产申报里怎么没有？"桑弘羊就没话说了。最后朝廷看不好收场，不管学者们财产够不够，都给他们安排了官职。

下层官吏也有隐瞒财产的。在出土的汉代木简中，显示西北一位叫徐宗的小军官，申报家产有一万三千钱。可是其他木简中，还有他收房租两千多钱的合同和放债二百八十钱的借据，说明他的家产恐怕不止申报的那些。道理很简单，财产申报制度固然好，但得有监督，才能真正执行好。

敢于将自己的财产公之于众的官员，自然是和贪污腐化绝缘的，是值得人民信任的人。三国时期西蜀丞相诸葛亮，虽然身居相位，却一生勤政清廉，鞠躬尽瘁，死而后已。晚年的他曾上表后主刘禅，这篇文字便是著名的《自表后主》，其中写道："臣初奉先帝，资仰于官，不自治生。今成都有桑八百株，薄田十五顷，子弟衣食，自有余饶。至于臣在外任，无别调度，随身衣食，悉仰于官，不别治生，以长尺寸。若臣死之日，不使内有余帛，外有赢财，以负陛下。"

这份上表实际上就是诸葛亮为官以来的个人财产清单。在这份清单中，诸葛亮的个人财产的一部分是"桑八百株，薄田十五顷"。要知道西汉哀帝曾赐给宠臣董贤田地两千余顷，东汉济南王刘康也有私田八百顷。如果同他们相比的话，诸葛亮这位国家重臣的家产，真是少得可怜。同时，诸葛亮清楚地表明他无论是在刘备朝内任官，还是在外领军作战，其收入完全来自朝廷俸禄，自己没有其他赚钱的门路。至于家人，也是依靠自己的力量度日，绝对不会通过与这位宰相亲戚的任何连带关系获利。

诸葛亮的另一部分个人财产就是，“若臣死之日，不使内有余帛，外有赢财”。在这部分财产清单中，诸葛亮向世人公开自己不会有任何剩余财产。他在写给朋友的信中也曾写道：“我曾经得到过八十万斛米的赏赐，但现在却没有任何积蓄，连家人的衣服也仅有一套。”事实证明，诸葛亮的这份财产清单并非作秀的工具，在他死后，刘禅命人到其家检验，果然和上表中说的一致。诸葛亮自愿公开自己的个人财产，这种做法在那个时代是极其罕见的。

此外，历史上还有一些官员在抄家后，留下了比较详细的财产清单，明朝的严嵩便是其中一例。根据史书记载，严嵩的个人财产为200万两，甚至还有史书称“家赀亦称亿万”，无论孰是孰非，严嵩所贪污的财物数量在当时的确是十分惊人的，可谓“凡人世所应用之物，无论用与不用，靡所不备”。对于严嵩家的抄家工作前后持续了二十余年，严嵩在被抄家后，其部分家产被整理成册，取名《天水冰山录》公之于世。在这部财产清单中，仅是登录的财产字数就有六万多字。其中，有金一万三千余两，净银二百万两，各式金银器皿、玉器、首饰、家具和珍贵字画、珍贵书籍数千件，房屋宅基地五十余所，田地山塘近三万亩，单扇柄一项就有27308把。《天水冰山录》的书名取“太阳一出冰山落”之意，正可作为后世贪官之警戒。

在尚未建立官员财产公开制度的古代，自愿公开个人财产的官员毕竟是少数，而大量存在的财产公开方式是那些被称为身后财产的公开。我们发现，无论是哪一种公开方式，都是在颂扬廉政，警戒贪污腐败。古代官员的这些财产公开方式虽然不具正规化和制度化特征，但其中蕴藏的反腐观念在今天仍有一定的借鉴意义。

官员财产公开是官德建设的“牛鼻子”，官德建设的具体路径是要从官员财产公开起步。只要官员财产公开了，透明了，贪腐问题就会基本得到解决。

公私分明　秉公办事

政在去私，私不去则公道亡。

——（西晋）傅玄《问政》

公生廉，私生贪。无论是做人还是为官，必须明确公与私的关系，才能清白做人、清正廉明。做人，摒弃私欲，则品行端正，德行服众；为官，一心为公，则无私无畏，廉洁清明。反之，则贪婪卑微，也难逃党纪法规的制裁。说公论私，是倡廉肃贪的必行之法，其中最要紧的是公私分明。为官者只有大公无私，不为私欲所动，不为私情所困，以公服人，才能做到清正廉明，无私无畏。

汉顺帝时，苏章任冀州刺史。他的一个朋友在冀州境内的清河郡任太守，有人举报他贪赃枉法。接到举报后，苏章微服巡行到清河郡，查清了太守贪赃枉法的事情后，设立了行辕。太守前来拜见，苏章置酒摆宴，与他饮酒畅谈，太守满心高兴，得意地说："人皆有一个天，我独有两个天。"苏章笑着说："今晚我与故友饮酒，这是私情；明日我作为冀州刺史办案，那是公法，公与私是很难并论的。"一席话说得太守心惊肉跳。第二天，苏章果然秉公办事，召来冀州境内的郡守县令，列举了清河郡太守的条条罪状，后将他罢官论罪。苏章此举，使冀州境内大小官吏皆肃然起敬。

人民群众深恶痛绝的腐败现象，其根本特征就是以权谋私。个人与公家"彼此不分"，合法与非法利益界限模糊，这种混淆公私、把职权当特权、用公权换私利的现象是摧毁官德的毒瘤，是导致腐败的重要诱因。强调公私分明，不是否认个人的正当利益，但是不论在任何时代任何社会个人的私利都要受到限制，限制它的正是“公利”。如果说“公而忘私”是官德的崇高境界，那么“公私分明”就是领导干部的基本职业操守。人民群众深恶痛绝的腐败现象的发生，无一不是以公谋私，公私不明；而清廉的官员，无论是主持工作还是享受生活，心中无时无刻不在掌控着“公”与“私”的尺度。

宋代周紫芝的《竹坡诗话》记载了一位“博州守”的故事。这位州官为人极其廉洁，而且公私分明。一天晚上，有人从京城送来一封上司的来信。他猜想这一定是朝廷有什么重要指示，马上命令公差点上蜡烛阅读。谁知读了一半，他又命令公差把蜡烛吹灭，换一根蜡烛点上，继续往下看。

公差很纳闷，不知道这位大人为什么要换蜡烛。后来才知道，那封信里有一小半是关于他留在京城家属的情况，他认为这是私事，不能点公家的蜡烛看，于是让公差换上自己买的蜡烛。为了半封家书，竟然换烛再读，这在许多人看来好像有几分“迂腐”，别说是用官烛看半封信，就是看十封信、百封信，估计也不会有人去斤斤计较。用根蜡烛不过是件再小不过的事了，可就是这样一件小事，“博州守”却看得很重。可见在他的头脑中，“公”与“私”的界限是多么分明。

许多因为“公私不分”而走上犯罪道路的官员，其实自己未必“享受”了多少，而是“奉献”给了家庭。爱护家人是人类自然情感的流露，也是人的社会责任之一。官员自然也不例外。但是身为国家公职人员，必须分清关心、爱护和偏袒、放纵的界限，对自己的配偶、子女和亲友要严格管理、严格教育、严格要求，摆正大家与小家的关系，顶住“枕头风”、“人情风”，不为亲眷左右，不为亲情谋私，做到大公无私、坚持原则、一身正气。

从秦汉开始，国家向赴任官员提供住房的制度渐渐趋于制度化。这些住房叫做“官舍”，官员在任时可以免费住在里面，等于是国家向官员提供的福利。西汉名臣何并在当颍川太守的时候，却不让妻子孩子住到官舍里面，而是另租房子给家人居住。其实一间房子多住几个人，公家也不会有什么实质性的损失，然而何并“公私分明”的做法，确是防微杜渐的正确行为。

慎重交友，也是官员践行“公私分明”道德规范的要义之一。尤其是与商人交友，更要慎之又慎。

官员和商人本是截然不同的两种社会角色，官员是公众利益的代表，对国家和全体民众负责。商人是企业利益的代表，对企业的股东负责。所谓官有官道、商有商道，官商之间本应公私分明、彼此分开。然而自古以来，官商之间就纠缠不清，“红顶商人”、“买办商人”等“官商”一体，官中有商、商中有官。现在，虽然没有了“红顶商人”，但官与商之间依然是交往密切、互动频频。

官员手中或大或小都有一定的权力，掌控着一定的资源。一些怀着不良动机的商人为实现个人利益最大化，往往把官员作为拉拢的对象、腐蚀的目标，千方百计拉官员趟浑水、上贼船。官员被不法商人拉下水，最终身败名裂者确实为数不少。因此，官员与商人交往必须要有坚守、有节制。要知道，一招不慎，就可能满盘皆输、后悔终身。官商之交要淡如水，相敬如宾，而不勾肩搭背。首先官员要守住操守。要提升自我境界、坚定理想信念，与商人交往讲原则、重操守、有底线，坚决不与商人称兄道弟、你我不分，更不能与商人不明不白、公私不分。

所以，各级领导干部必须要正确使用人民赋予的权力，实实在在为人民群众办好事、办实事，存公去私，践行全心全意为人民服务的宗旨。只有坚持做到公私分明，坚持原则，秉公办事，才能自觉抵御各种风险和腐蚀，做一个心地坦荡的人，做一个人民爱戴的好官。

兼听则明　偏信则暗

夫民别而听之则愚，合而听之则圣。

——《管子·君臣上第三十》

孔子说："众恶之，必察焉；众好之，必察焉。"意思是说大家都憎恨的人，必须去认真了解；大家都喜欢的人，也必须去认真了解。决不能人云亦云，以众人的是非标准来决定自己的判断，而要经过自己的独立思考，经过理性的判断，不偏听偏信，然后做出结论。

清代学者戴震曾说过："天下古今之人，其大患，私与蔽二端而已，私生于欲之失，蔽生于知之失。"又说："不以人蔽己，不以己自蔽。"这里的蔽就是阻塞的意思，不让别人阻塞了自己，也不让自己的自我壅蔽阻塞起来。作为公职人员、领导干部，决策是主要工作之一。如何让决策正确而少出或不出偏差，这就要求官员要做到兼听而不偏信。

领导干部做出决策之前必然要收集各种信息，听取多方意见。采纳谁的建议，摒弃谁的说辞，不仅考验领导干部的办事能力，也是考验其公正的重要时刻。若是顾念某人是自己的亲信，或者是自己赏识的人，就不假思索地采纳他的观点，那就是心存偏见。

春秋时，叔孙豹在鲁国做宰相，地位尊贵而专权独断。他有个宠爱的侍仆名叫竖牛，这个人也经常擅自盗用叔孙豹的名义发号施令。叔孙豹有个儿子叫仲壬，竖牛因为嫉妒想杀了他，就故意带仲壬一起到鲁国国君的住处去游玩。鲁君赐给仲壬一个玉环，仲壬接受了，但是不敢佩戴，就让竖牛向叔孙豹请示。竖牛没有真正请示，却骗仲壬说："我已替你请示过你父亲了，他允许你佩戴玉环。”于是仲壬就佩戴了。随后竖牛趁机对叔孙豹说：“为什么不带仲壬去见见主君呢?”叔孙豹说：“小孩子哪能见主君?”竖牛说：“仲壬本来就多次见过主君了。主君赐给他一个玉环，他已经佩戴上了。”叔孙豹就召见仲壬，见仲壬果然佩戴着玉环，于是勃然大怒，立刻杀了仲壬。

仲壬的哥哥叫孟丙，竖牛也嫉妒他，也想杀死他。叔孙豹给孟丙铸了口钟，钟铸成后，孟丙不敢擅自敲钟，让竖牛向叔孙豹请示。竖牛没有帮他请示，又骗他说；“我已帮你请示过你父亲了，他让你敲钟。”孟丙就敲了钟。叔孙豹听见钟声后说：“孟丙不请示我就擅自敲钟。”于是愤怒地把孟丙赶走了。孟丙出逃到了齐国。

一年后，竖牛假装替孟丙向叔孙豹谢罪，叔孙豹就让竖牛召回孟丙。竖牛没有真正去召人，却慌报叔孙豹说：“我已召过他了，孟丙很恼怒，不肯来。”叔孙豹听了十分气愤，派人杀了孟丙。

两个儿子已死，叔孙豹患病。竖牛就独自侍奉他，把近侍们支开，不让他人进入，对人们说：“叔孙不想听见人声。”竖牛不给叔孙豹东西吃，活活把他饿死了。叔孙豹已死，而竖牛并不发讣告，把叔孙豹仓库里的贵重珍宝搬迁一空，然后逃往齐国。

叔孙豹和他的两个儿子偏信竖牛，让竖牛这个小人把持了沟通渠道，结果就是家破人亡。韩非子为此评论说：“夫听所信之言，而子父为人僇，此不参之患也。”

另外，如果兼听的仅仅是围绕在自己身边的那些唯唯诺诺、唯命是从的人的话，那这种兼听就与偏信没有任何区别了。古语说：“千人之诺诺，不若一士之谔谔。”与其听一千个人唯唯诺诺的话语，还不如听一个正直之人的谔谔诤言。作为领导，不仅要做到兼听，更要尽可能地多听听少数人的意见，只有这样才能达到“兼听则明”的效果，才能做到“不以人蔽己”。历史上的周厉王弥谤、秦始皇坑儒，其最终结果是自掘坟墓，加速了王朝的灭亡。

有一次，唐太宗李世民问宰相魏征："为君者怎样才会明智清醒，怎样就会愚昧糊涂？"

魏征回答说："兼听则明，偏信则暗。也就是说，听取多方面的意见才会明智清醒，偏信一方面的话就会愚昧糊涂。"

李世民请魏征说下去。魏征于是详细论述说："从前尧帝详细询问老百姓，所以知道民生疾苦。舜帝听取多方面的意见，所以治水无能的官员不能蒙蔽他。相反，秦二世偏信宦官赵高一人的话，结果在望夷宫被他杀害。梁武帝偏信朱异的话，没有及早攻打侯景，结果被侯景攻陷台城，忧愤而死。又如隋炀帝偏信虞世基，天下本已动荡不安，虞世基却不让隋炀帝知道实际情况，隋炀帝也照样寻欢作乐，结果终于被身边的人杀死。所以，做皇帝的能够广泛听取和接受多方面的意见，就不会被一两个大臣蒙在鼓里，就会知道下面的情况，从而明辨是非，做出正确的决策。"

李世民听后说："你说得太好了！"于是广开言路，虚心纳谏，终成"贞观之治"。

相对而言，"己自蔽"较之"人蔽己"有着更深的潜伏性和隐蔽性。作为权力中心的领导干部，如果能够保持一份清醒的警觉性，自然会认识到"人蔽己"必将导致权力的分散，其危害性显而易见。而"己自蔽"则是一个渐进的不自觉的过程，其结果是产生唯我独尊的自大自满情绪，听不得别人的不同意见和声音，自塞言路。

现在建设服务型政府，首先当以开放的姿态，广泛而坦诚地接受民众和各方的监督、质疑。批评地是否有道理在其次，政府有义务为疏通民意搭建公正平等的交流平台，在全社会营造交流研讨的争鸣氛围。"让人说话，天塌不下来。"人民群众对领导干部的批评是正常的，这是对官员和政府的信任。公职人员更应该养成闻过则喜的好习惯。要鼓励大家讲话，更要主动讲真话，听真话，真正做到从实际出发，在各种声音中汲取智慧。

群策群力　民主集中

古之所谓莫三人而迷者，一人失之，二人得之，三人足以为众矣。

——《韩非子·七术》

所谓“一言堂”，是指领导干部作风不民主，不让别人讲话，听不得相反意见，遇到大事一个人说了算的独断专行的家长式领导作风。与之相对的是“群言堂”，指领导干部切实贯彻群众路线，发扬民主作风，使群众充分发表意见。

“一言堂”是与封建的家长制联系在一起的，而“群言堂”就等同于民主集中制，也就是诸葛亮所谓的“集众思，广忠益”。一个人，即便是英雄豪杰，他的力量也是非常有限的；只有把大家的力量集中起来，才能够有所作为，而“群言堂”就是集中众人力量的最好方法。“三个臭皮匠，赛过诸葛亮”，这是人们常讲的，大家一人一个意见，所有的意见综合起来，那就会形成最好的意见。采用最好的意见，又何愁大事不成呢？

行政管理是一门学问，既讲艺术，又讲科学。坚持跳“集体舞”，倡行民主理念、发扬民主作风、运用民主方法，也就掌握了这门学问的真谛。一意唱“独角戏”，不凝聚集体的智慧和力量，就会导致事业不兴，风气不正，人心不齐。三国时，凡是能够群策群力，善于听取意见的君主，都能称雄一方。而有勇无谋、刚愎自用的军阀则难逃失败的命运。吕布败于曹操就是个典型的例子。

在濮阳初次与曹操对敌时，陈宫曾为吕布谋划在濮阳南边一百八十里的泰山道上埋伏精兵，待曹军过了一半后抢夺他们的粮草辎重。吕布没有采纳，只是派两员副将驻守兖州，自己却率领主力另屯兵濮阳，坐待曹兵围攻。结果曹操一举攻下了兖州，又挟得胜之势大军直逼濮阳。面对敌众我寡的局势，陈宫极力主张“不可出战，待众将聚会后方可。”但吕布不听，自认为“吾之英雄，谁敢近也！”逞个人英雄主义孤军应敌，结果又一战丢了濮阳。

徐州之战时，吕布虽被曹操大军围困在下邳孤城，但其时军队并未打败仗，实力仍在，士气也高，部将们都忠心耿耿紧紧追随在左右，希望做最后一搏。当时陈宫也曾建议：“今操兵方来，可乘寨栅未定，以逸待劳，无不胜也。”但吕布不听，自恃“粮食足备，以资于内；泗水之险，以拒于外”，不肯抓住有力战机主动出击，宁肯困守孤城，坐以待毙。

决策权是领导者的一项重要权力，不坚持民主就容易被滥用。“一言堂”是决策权滥用的前兆、决策失误的一大前因。有的一个人或几个人在决策时，特别是对于那些关系全局利益的重大事项、关系群众利益的重要问题以及干部的重要任免调动方面，不按科学、民主决策行事，喜欢独断。有的虽也走程序，却要么先把有不同意见的同志过滤掉，要么一听有不同声音就起急，即使有人敢于说出正确的看法也不采纳。其决策实施的后果，往往损失严重，贻害无穷。

给予正确指导是领导干部开展工作的一项重要方法。有的人没摸清情况就指手画脚，乱说一气；有的人全凭个人一时好恶，不尊重常识、科学与规律，脑袋一热就让“关公战秦琼”；有的人刚愎自用，因为懂行就总认为自己正确，未听别人的意见便“就这么定了”。凡此种种，都是“瞎指挥”的表现。如此不但不能汲取集体的智慧，还让人丧失干事创业的心气。结果是工作局面不但打不开，反而会一团糟。

吕布之失败，正是违背了上述两个领导原则。

领导干部要团结大家一道共事，首先少不得的就是宽容，要有容人的雅量、坦诚的气度、闻过则喜的胸襟。但团结并不是“小团伙”、“小圈子”、“小帮派”式的团结，“君子周而不比，小人比而不周”说的就是这个道理。在有些领导干部那里，在“小圈子”形成共识就是民主决策，“小兄弟”的违法勾当就可以动用公权力翼护。少数人沆瀣一气，必致大环境乌烟瘴气。

当曹操大军部署完毕，把下邳孤城团团围困后，吕布已经欲逃无路了，虽勉力作了几次困兽之争，终究战机已失，于事无补了。陈宫又一次献策：“曹操远来，势不能久。若将军以步骑出屯为势于外，宫将余众闭守于内，操若攻将军，宫引兵而攻其背；若来攻城，将军为救于其后。不过旬日，操军食尽，可一鼓而破。”这可说是当时打破包围的唯一办法了。吕布怎么办呢？他将这些军国大事谋之于内室，结果一阵“枕头风”吹来，吕布便完全将集团的整体利益置诸脑后了。后来陈宫虽再有良谋，始终敌不过“枕头风”的威力，满腔的热忱全部付之了东流。陈宫迭遭冷遇，已是回天乏术，也完全冷却了曾有的激情。将领们同仇敌忾，却只能坐以待毙，也渐渐心灰意懒。而吕布在集团整体利益面临威胁的紧急关头，竟只考虑自己一支戟、一骑马，天下无人敢近，可以保全个人利益，便整日在家与妻妾饮酒作乐，不思与部将们商议退敌的良策。

吕布一直十分自负，在被俘后还在询问那些投降曹操的部下：“我待诸将不薄，安忍反也？”站在一边的宋宪当即告诉他：“听妻妾言，不用将计，安为厚也？”死到临头，吕布总算明白了一生所铸成的大错，但悔之晚矣。

跳“集体舞”、不唱“独角戏”，要靠领导干部的党性修养和作风养成，更要靠制度管权、管事、管人。如此方能杜绝世人诟病的“一言堂”、“瞎指挥”、“小圈子”现象，更好地发挥集体智慧的力量，营造风清气正的环境，形成推动事业发展的强大合力。

朋于正直　立党为公

以德义立身者，必交于德义，不交于险僻；以正直克己者，必朋于正直，不朋于颇邪。

——（唐）白居易《请以族类求贤策》

现代民主国家的政治体制基本为政党政治，表现在政党以各种方式参与政治活动，就国内外重大政治问题发表意见，对国家政治生活施加影响。政党争取成为执政党，然后通过领导和掌握国家政权来贯彻实现党的政纲和政策，使自己所代表的阶级或阶层、集团的意志变为国家意志，这是政党政治的核心。

中国自晚清以降，民主思想渐入人心，仁人志士纷纷组党以实现自己的政治理念。其中孙中山先生建立同盟会，推翻晚清政府，建立中华民国。尔后中国共产党成立，在毛泽东等老一辈无产阶级革命家的领导下，经过28年艰苦卓绝的努力，建立了人民民主专政的社会主义新中国。

古代官员也有“结党”之举。但是与现代政党政治不同，这些古代的“党”一般都是为了“营私”，是个人之间利用私人感情而建立起来的一种小集团。

牛李党争是中国唐朝后期统治集团内部争权夺利的宗派斗争，也称

“朋党之争”。“牛党”是指以牛僧孺、李宗闵为首的官僚集团；“李党”是指以李德裕为首的官僚集团。牛党大多是科举出身，属于庶族地主，门第卑微，靠寒窗苦读考取进士，获得官职。李党大多出身于世家大族，门第显赫。他们往往依靠父祖的高官地位而进入官场，称为“门荫”出身。

从表面看，牛李党争似乎是庶族官僚与士族官僚之间的斗争，实际上两党在政治上也有深刻的分歧。两党分歧的焦点主要有两个：一是通过什么途径来选拔官僚。牛党多科举出身，主张通过科举取士；李党多门荫出身，主张通过门荫取士。李德裕认为，公卿子弟从小就熟悉官场，容易掌握做官的本领。二是如何对待藩镇。李党主张对不听朝廷命令的藩镇用兵，以加强唐朝中央的地位；牛党则主张姑息迁就。

两党除了政治上的分歧外，还牵扯进个人的恩怨。牛僧孺、李宗闵因评论时政，得罪了宰相李吉甫，曾遭到贬斥；而李德裕是李吉甫的儿子，因此双方结怨甚深，一旦大权在握，就排挤打击对方。唐穆宗长庆年间牛僧孺做宰相，就把李德裕排挤出朝廷。李德裕任西川节度使时，接受吐蕃将领的投降，收复了重镇维州。牛僧孺却意气用事，强令把降将和城池交还吐蕃。唐武宗时，李德裕做宰相，又把牛僧孺、李宗闵放逐到南方。唐武宗死后，唐宣宗即位，牛党成员白敏中任宰相，牛党又纷纷被重新启用，李党全遭罢斥。李德裕被赶到遥远的崖州，不久忧郁而死。这场统治阶级内部的宗派斗争，加深了唐朝后期的统治危机。

孔子曾说：“君子矜而不争，群而不党。”结党营私一直是中国官吏制度中所不能容忍的事情，但凡有官员结党坐大者，必然会扰乱正常的政治秩序和社会生活。在清朝雍正皇帝登基后，认定其弟允禩及其同伙以伪善收买人心，而实为不孝不忠、扰乱国政、希图大位。雍正二年七月，为发动力量打击该势力，雍正直接将允禩一伙人定性为“朋党”，并发布《御制朋党论》一文，以张声目。范仲淹在庆历新政中很有作为，新政措施很见成效，但仅仅四年之后却被贬黜，原因就在于被人攻击为以施新政而结“朋党”，触动了宋仁宗那根敏感的神经。

历史上官员结党的事情很多，最终大都身败名裂。究其原因，之所以结党，就是为了达到某种个人或小集团的私利。如果真能出以公心，不图私利，则无结党之必要，亦不会受朋党之累。

欧阳修在《朋党论》一文中说：“小人所好者，利禄也；所贪者，货财也。当其同利之时，暂相党引以为朋者，伪也。及其见利而争先，或利尽而交疏，则反相贼害，虽其兄弟亲戚，不能相保。故臣谓小人无朋，其暂为朋者，伪也。君子则不然。所守者道义，所行者忠信，所惜者名节。以之修身，则同道而相益；以之事国，则同心而共济。终始如一，此君子之朋也。”他认为小人不会有真正的、永远的朋友，而君子之朋，守道义、讲忠信、惜名节。从这个角度说，欧阳修所认为的可以事国的君子之朋，正是那些坦坦荡荡、不图利禄和货财、没有私心的君子们。这里有一个辩证的关系在里面，不为私利、不为结党，可能反而会有一些朋友，可以一起事国；若以私利为目的，即使暂时结党，最终也不能相保。

现在的国家公务员，尤其是高级领导干部，基本都是中国共产党党员。中国共产党既不同于古代的“朋党”，也不同于一般资产阶级政党。中国共产党除了人民的利益，没有自己的特殊利益。从成立那一天开始，中国共产党就抱定了一个目的，就是为了使中国人民从被压迫被奴役的苦难中解放出来，获得当家做主的权利。中国共产党发展、壮大的过程，就是为中国最大多数人的利益英勇奋斗的过程；中国共产党加强和改进党的建设的根本目的，就是为了始终保持党同人民群众的血肉联系，更好地为最大多数人谋利益。

全心全意为人民服务，立党为公，是中国共产党建立以来始终坚持的根本宗旨。在夺取政权的日子里，中国共产党来自于人民，植根于人民。新中国成立后，中国共产党代表人民执掌了国家政权，各级党组织和相当一部分党员手中都有一定的权力。因此，要坚持“立党为公”的宗旨，就必须将其具体化为执政为民的实践。否则，就会失去民心，动摇党的执政地位。作为党的各级领导干部，必须真正代表人民掌好权、用好权，决不能以权谋私，不然，就会犯错误，甚至腐化堕落，滑入犯罪的深渊，沦为人民的罪人。

第二章
Chapter 2

忠

为国为民　忠贞不贰

忠诚是官德的灵魂。忠诚，是传统文化所推崇的基本道德范畴，也是衡量一个人品格的基本标准。忠诚的官员，其行动必须与国家和人民合心、合拍、合向、合力。以忠诚铸官德，领导干部的信仰才会越来越坚定。

忠于国家　不忘社稷

无言不酬，无德不报，况忠臣之于国乎。

——（东汉）马融《忠经·报国》

忠于国家，是公职人员必须遵守的道德铁律。《公务员法》明确规定，国家公务员有“维护国家的安全、荣誉和利益”的义务。中国这个具有五千年历史的文明古国，之所以始终没有因内忧而解体，之所以没有因外患而屈服，之所以历经数千年之久而傲然屹立于世界民族之林，一个非常重要的原因，就在于中华民族有着“公忠”的道德传统。公忠，就是提倡自觉地为国家利益和民族利益而献身的精神。这一精神具有超阶级、超时代的历史光辉，并经过长期不断深化、积淀，孕育着中华民族特有的为国家、为民族的爱国主义思想。

忠于国家，要求公职人员要有为建设祖国、保卫祖国甘于奉献的精神。“将死不忘卫社稷”、“临患不忘国”，都体现了先人们为国家利益不惜牺牲生命的高尚品质。在建设现代化事业的进程中，作为掌握并行使国家权力的公务员更要有为国家建设甘于奉献的精神，要有为人民利益甘于服务的精神。东汉马融撰写的《忠经》，将“报国”列为一章，说：“报国之道有四：一曰贡贤，二曰献猷，三曰立功，四曰兴利。贤者国之干，猷者国之规，功者国之将，利者国之用。是皆报国之道。”

忠于国家的官员，史上首推“北海牧羊”的苏武。

汉武帝天汉元年，苏武奉命出使匈奴。不料，就在苏武完成任务准备返国时，匈奴上层发生了内乱，苏武一行受到牵连，被扣留下来。匈奴单于派遣卫律等人去游说苏武，许以高官厚禄，让苏武留在匈奴，被苏武严词拒绝了。恼羞成怒的单于就把苏武囚禁到了地牢里，想把他活活地饿死，逼他投降。苏武在地牢里受尽了折磨。渴了就吃一把雪，饿了就嚼身上穿的羊皮袄。过了好几天，单于见濒临死亡的苏武仍然没有屈服的表示，只好把苏武放出来了。

单于敬重苏武的气节，不愿意杀害他，又不想放他回去，就把苏武流放到北海，也就是今天西伯利亚的贝加尔湖一带。单于给了苏武一些公羊，说："什么时候这些羊生了羊羔，我就让你回到中原去。"苏武在风雪交加的北海牧羊，历尽艰辛，经常以挖掘野鼠穴中的草籽为食，但他出使时代表使者身份的旌节却从不离身。天长日久，旌节上的牦牛尾毛全部脱尽全都脱落了。即使这样，仍未动摇他对国家的忠心。

后来匈奴又派降将李陵来劝降苏武。李陵说："你的大哥苏嘉被定为大不敬的罪，用剑自杀了。你弟弟孺卿因为误杀驸马被通缉，服毒而死。你的母亲已去世，夫人年纪还轻，听说也改嫁了。家中只有两个妹妹，两个女儿和一个男孩，如今又过了十多年，生死不知。人生像早晨的露水，何必长久地像这样折磨自己？"苏武说："我苏武父子没有功劳和恩德，都是皇帝栽培提拔起来的，官职升到列将，爵位封为通侯，兄弟三人都是皇帝的亲近之臣，常常愿意为朝廷牺牲一切。现在得到牺牲自己以效忠国家的机会，即使受到斧钺和汤镬这样的极刑，我也心甘情愿。大臣效忠君王，就像儿子效忠父亲。儿子为父亲而死，没有什么可恨，希望你不要再说了！"

汉武帝死后，昭帝即位，多次向匈奴索要苏武回国，匈奴都伪称苏武已死。后来汉朝使者打听到苏武的下落，便对单于说："汉天子在上林苑中射下一只雁，雁足上系有帛书，说苏武现在北海。”单于大惊，只好允许苏武随汉使回国。

苏武在匈奴被扣留十九年，出使时尚在壮年，回国时已经须发尽白了。回到长安的那天，全城的人民都出来迎接他。他们瞧见苏武手里拿着光杆子的旌节，没有一个不感动的。后来汉宣帝时匈奴归降，宣帝命令将有功的十一个大臣的画像挂在麒麟阁上，其中就有苏武。孔子曾经说，“士”应当“使于四方，不辱君命”，苏武就是最好的写照。

与文官相比，武将更要有舍身报国之心。尤其是在遭遇外敌入侵的时候，要坚持“与其忍辱生，毋宁报国死”的精神。

邓世昌是清末杰出爱国将领，民族英雄。1894 年 9 月 17 日在中日甲午战争大东沟海战中，邓世昌指挥“致远”舰奋勇作战，后在日舰围攻下，“致远”多处受伤全舰燃起大火，船身倾斜。邓世昌鼓励全舰官兵道：“吾辈从军卫国，早置生死于度外，今日之事，有死而已!”“倭舰专恃吉野，苟沉此舰，足以夺其气而成事”，毅然驾舰全速撞向日本主力舰“吉野”号右舷，决意与敌同归于尽。日舰官兵见状大惊失色，集中炮火向“致远”射击，不幸一发炮弹击中“致远”舰的鱼雷发射管，管内鱼雷发生爆炸导致“致远”舰沉没。

邓世昌坠落海中，随从以救生圈相救，被他拒绝，并说：“我立志杀敌报国，今死于海，义也，何求生为!”所养的爱犬“太阳”亦游至其旁，口衔其臂以救，邓世昌誓与军舰共存亡，毅然按犬首入水，自己亦同沉没于波涛之中。

邓世昌牺牲后举国震动，光绪帝垂泪撰联“此日漫挥天下泪，有公足壮海军威”，并赐予邓世昌“壮节”谥号，追封太子少保，入祀京师昭忠祠，御笔亲撰祭文、碑文各一篇。威海百姓感其忠烈，在成山上为邓世昌塑像建祠，以志永久敬仰。新中国成立后，将一艘新式远洋综合训练舰命名为“世昌”舰，以示纪念。

民族英雄岳飞说："以身许国，何事不敢为!"特别是在近现代的历史上，当中国遭到帝国主义列强的疯狂侵略，出现了亡国灭种的危机时，中华儿女的爱国主义精神更是越加激发而不可动摇，越发显示出它的战斗锋芒和精神力量。

忠于人民　以得民心

婴所不唯忠于君、利社稷者，是与，有如上帝。

——《左传·襄公二十五年》

无论中西，传统文化中的"忠"大都是指忠于君主。西方在近代文艺复兴、启蒙运动之后，"忠于人民"的思想才逐渐显现。而中国早在两千多年前，孟子就提出"民为贵，社稷次之，君为轻"的观点，"忠于人民"的思想也就有了萌芽。

历朝历代，凡是比较稳固的政权，大体上都把人民群众的利益摆在一定的地位上。春秋战国时，成为有识之士的一股强劲的思想潮流。《战国策》还专门记载了一则"民贵君轻"的故事。

齐王派使臣出访赵国，拜会了赵威后。赵威后接过国书，没有马上拆阅，而是向齐国使臣问道："你们齐国年景好吗？百姓好吗？国王好吗?"

齐国使臣听了很不高兴，反问道："我是奉敝国国王之命，前来访问贵国的。你先问年景和百姓，而后问国王，这岂不是先贱后贵，贵贱颠倒吗?"

赵威后从容地回答说："不然。如果没有好年景，哪里还有百姓的好日子？如果没有百姓，哪里还有什么国王？所以，我就这样问候了。难道你还要我舍本问末、本末倒置吗?"

封建君主"贵民"，在一定程度上还是出自维护自己统治的需要。而普通官员忠于人民，则是先进思想使然。"以服务人民为荣、以背离人民为耻"，是为官者应有的人生观、世界观、价值观和道德观。只有牢固树立"服务人民、忠于人民"的观念，才能成为合格的领导干部，承担起自己的历史使命。服务人民、忠于人民，既是传统道德的核心，也是新时代社会主义荣辱观的核心。历史告诉我们，中国能够从贫穷到繁荣，从愚昧到文明，其中一个重要内容和主要动力，就是中华民族有一个"为民"的优良传统。契丹族杰出政治家耶律楚材就是这个优良传统中璀璨夺目的杰出代表。

耶律楚材是辽太祖耶律阿保机的九世孙，祖上历仕金朝，是有名的官宦之家。他出生时父亲耶律履已经六十岁了。耶律履说："吾六十得此子，吾家千里驹也，他日必成伟器，且当为异国用。"于是以"楚材晋用"之典，给他起名为"楚材"，字"晋卿"。

耶律楚材两岁丧父，由其母杨氏扶养成人。通过努力，他博览群书，能诗善文，天文、地理、律历、术数等学说无一不精。蒙古大军攻下燕京后，成吉思汗听说原来金朝的官员中有个耶律楚材才华横溢、满腹经纶，遂向他询问治国大计。耶律楚材也因为对腐朽的金朝失去信心，决心转投蒙古帐下，拯救处于水深火热中的百姓。

成吉思汗死后，耶律楚材在拥戴窝阔台继位的政治斗争中立了大功，有了在政治上施展抱负的机会。蒙古征服汉地后，并没有制定完整的法律，导致社会秩序混乱，地方长官任意掠夺百姓。于是耶律楚材提出《便宜十八事》作为临时法律，严禁地方官擅自滥杀老百姓，不准商人财主贪污公物，打击地痞流氓杀人盗窃，禁止地主富豪夺取农民田地，这样，社会秩序就渐渐安定下来。

蒙古大军东征西讨，军费日渐紧张。大臣别迭进言说："汉人不懂得放牧，对国家财政没什么帮助。不如把汉人都赶走，空出这些地方放牧。"耶律楚材说："万万不可。陛下即将讨伐南方，军需从哪里出？如果均平确定中原的地税、商税，征收盐、酒、铁冶、山泽之利，每年可得五十万两白银、八万匹布帛、四十余万石粟米，这些物资足以供应军需了，怎么能说没用呢？"窝阔台说："你为朕试试看。"于是，耶律楚材在燕京等地建立了征税体系。第二年，他把税收登记册和征收来的金银都陈列在朝堂上，窝阔台看了，笑着说："你一直在朕左右，人不离开就能使国用充足，南国之臣，还有如你这么能干的吗？"当天，拜耶律楚材为中书令，事无巨细，都先与他商量。

两年后，在攻克汴梁的前夕，蒙古大将速不台派人向窝阔台报告，说："金国人抗拒持久，我们的士兵多有死伤。城破之日，应该按老规矩屠城。"耶律楚材闻讯后马上进宫，向窝阔台进谏说："将士们辛辛苦苦数十年，想要的不就是土地和人民吗？得了土地，却没有人民，土地又有什么用？能工巧匠，厚藏之家，都聚集在这里了。如果都杀了，以后就什么也得不到了。"窝阔台同意了这个说法，决定只处死金国贵族，其余勿问。开封城内 147 万人因此获救。

耶律楚材采取的各种措施为元朝的建立奠定基础，使得元朝很快摆脱了游牧民族的野蛮作风，成为在政治、经济、文化各方面都可以傲立于世界的超级大国。窝阔台死后，蒙古旧贵族排挤耶律楚材这样深受汉文化影响的官员，推行"分族治之，蒙汉异法"的统治政策，逐渐脱离人民。这也是元朝迅速腐败衰落，享国不足百年的直接原因。

得民心者得天下，失民心者失天下，此乃历代王朝盛衰兴亡的必然规律。一切为民者，则民向往之。服务人民、忠于人民，是官员的立身之本，也是衡量一名公职人员是否合格的重要标准。

更何况我们的公务人员都是来自于人民，理所应当根植于人民，服务于人民，坚持人民的利益高于一切，这是义不容辞的责任。社会的根基在群众，国家的血脉在群众，民族的力量在群众。“群众利益无小事”，这是亲民、爱民、为民的庄严承诺，也是“忠于人民”的誓言。

忠于法律　依法治国

法者，天下之程式也，万事之仪表也。

——《管子·明法解》

崇尚法治，是现代官德的又一要义；依法行政，则是依法治国的根本要求。为了使政府有效而正确地行使人民所赋予的权力，管理好各项事务，就必须通过正确执法，用法律来规范、保障和制约政府行为。公职人员使管理国家公共事务的行政权力，必须依据代表人民意志的法律，模范地遵守法律，行使行政机关职权。

我国是一个有着几千年封建历史的国家，“人治”思想根深蒂固，缺乏法治文化的长期熏陶，没有真正形成遵守法律、重视规则的良好风气。有些领导干部的“长官”意识强，在行政管理中只知道采用简单、粗暴的工作方法，一些重大决策不是严格遵循法律、法规，而是凭个人感觉拍板。有些公职人员也不以法律作为行为准则，而是“按领导指示办事”，使得以言代法、以权代法、以权抗法，甚至滥用职权执法犯法的现象屡有发生。

其实，中国传统法制体系与历史上同时的其他国家相比是比较完善的，重要的在于能不能真正严格依照法律行事。汉代的张释之在这方面是历代官员的榜样。

张释之为人耿直，不惧权贵，汉文帝任命他担当执掌刑狱的廷尉。一次，汉文帝出巡经过长安城北的中渭桥，有个人突然从桥下跑了出来，惊吓到文帝的乘马。随行的护卫捉住这个人，交给了张释之。张释之审讯那个人。那人说："我是长安县的乡下人，听到了清道禁止人通行的命令，就躲在桥下。过了好久，以为陛下的队伍已经过去了，就从桥下出来，一下子看见了御驾车队，就立即逃走。"张释之认为此人是偶然过失，以"跸先至而犯"的罪名，处以"罚金四两"。

汉文帝看到判决，发怒说："这个人惊了我的马。幸亏我的马驯良温和，否则说不定就摔伤了我。可是你仅仅判处他罚金！"

张释之说："法者，天子所与天下公共也。现在法律这样规定，若要非法加重处罚，法律就不能取信于民。如果事发当时您让侍卫立刻杀了他也就罢了。既然把这个人交给我，作为廷尉，我是天下公正执法的带头人，稍有偏失，天下执法者都会任意或轻或重，百姓岂不会手足无措？愿陛下明察。"许久，汉文帝才说："廷尉的判决是正确的。"

不久，又发生了一起重大案件。有人胆大妄为，偷窃了汉高祖刘邦祠庙神座前的玉环。很快盗贼就被抓到了，汉文帝大怒，将犯人交给廷尉治罪。张释之按法律所规定偷盗宗庙服饰器具之罪决定判处罪犯斩首示众之刑，并奏报给汉文帝。汉文帝勃然大怒，说："这人无法无天，以至于偷盗先帝庙中的器物。我之所以把此案交给你去处治，就是要你严加惩处，诛他九族。而你却一味按照法律条文处置。难道我就是这么恭敬地侍奉父亲的宗庙吗！"

张释之看到汉文帝大发脾气，立刻脱帽叩头谢罪，却依然据理力争地辩驳说："依照法律这样处罚已经足够了。况且在罪名相同时，也要区别犯罪程度的轻重不同。现在偷盗祖庙的器物就要处以灭族之罪，那么有朝一日，若有胆大妄为的亡命之徒挖了先帝长陵一捧土，陛下又用什么刑罚惩处他呢？"后来汉文帝和薄太后谈论了这件事，才同意了张释之的判决。

由于张释之执法严明。依法办事并敢于坚持正确主张，不以个人好恶来论罪，对皇帝也不阿谀逢迎，所以在他任廷尉期间避免了许多冤案，得到了当时百姓的称颂。史载："张释之为廷尉，天下无冤民。"

如果说忠于国家、忠于人民是一种"软"忠诚，那么忠于法律则是一种"硬"忠诚，是官德的刚性保障。尊重法律意味着尊重公众的意志，而不是长官的个人意志。公共权力来自普通的公民权利，是公共利益的普遍体现。负责任的公职人员的重要职责就是维护真正意义上的公共利益。宪法规定"中华人民共和国的一切权力属于人民"，各级政府受人民的委托，管理国家事务。依法行使行政管理职能，就是贯彻人民的意志，履行人民的重托，保障人民的合法权益。

作为国家法制体系的重要一环，官员也往往比普通公民更深入地参与法律的制定。自觉遵守自己制定的法律，也是忠于法律的重要表现，体现了法律的神圣性。不能因为法律是在自己手里通过的，就以为自己拥有超越法律的特权。

商鞅是法家的代表人物，应秦孝公求贤令入秦，说服秦孝公变法。商鞅的核心思想是"一断于法"，所行法律细致严苛。由于新法触犯了贵族阶层的垄断特权，贵族们便唆使太子违抗新法。但是商鞅并没有被吓倒，他认为法律的制定并不只是用来制裁老百姓的，自古"法之不行，自上犯之"，因而主张首先惩办那两位唆使太子违抗新法的老师。结果，公孙贾的脸上被刻上了墨字，公子虔则因屡教不改而被割掉了鼻子。经过这番努力，新法"行之十年，秦民大悦……乡邑大治"。

秦孝公去世后，旧贵族挑拨秦惠王以谋反罪逮捕商鞅。商鞅听到消息立即逃跑。他找到一家客店准备住宿，店主不知他是商鞅，对他说："商君定下的法律，不得留宿没有证件的人，否则要受'连坐'的处罚。"商鞅无奈回到自己的封地，试图举兵抵抗，最后兵败被杀。

后人评价商鞅是“作法自受”，但这正是法制社会的正常表现，是官员忠于法律的前提和基础。某些官员在执行公务时，常习惯于按命令、指示办事，而不是按照法律法规办事；在处理“情”与“法”的关系上，往往将“情”摆在首位，这就为官僚主义和腐败现象的产生提供了可能。只有坚持法治原则，有法必依，才能真正做到忠于法律，依法治国。

尽忠职守　积极工作

百官慎职，而莫敢愉延。

——《吕氏春秋·勿躬》

作为一名国家公职人员，忠于职守，是最基本的忠诚。忠于职守有两层含义：一是忠于职责，二是忠于操守。忠于职责，就是要自动自发地担当起岗位职能设定的工作责任，优质高效地履行好各项义务。忠于操守，就是为人处事必须忠诚地遵守一定的社会法则、道德法则和心灵法则。

国家公职人员要忠诚于行政职责，只要身在职位就绝不懈怠。只有每个公务员都忠实地履行了职责，整个公务员系统才能有条不紊地运行，才能实现公务员本身的使命。在干部队伍中，绝大多数是勤勤恳恳、扎扎实实工作的。但是，确有一些人，占着位子、拿着薪水，却不干工作、不负责任，整天浑浑噩噩、无所作为地混日子。他们有的只想当官，不想做事，整天设计升迁路线，工作上靠耍嘴皮子、摆花架子，看似热热闹闹，其实毫无建树；有的对事业没有热情，对工作缺乏干劲，作风懈怠，庸碌无为，一项工作干了多年却说不出个所以然；有的遇事能推则推、能躲则躲，事不关己、高高挂起，全无一点责任心；有的心无旁骛、工作不在状态，拿公家的钱，干自己的事，把心思、精力都放在个人的事情上。

古人认为，好的大臣必须尽忠职守，而且这并不仅仅局限于“做好本职工作”，而是有更深一层的要求。

孟子有一次到了齐国的平陆，对当地的长官孔距心说：“如果你的卫士一天三次失职，你会开除他吗？”

孔距心说：“不必等到三次。”

孟子说：“那么你失职的地方也够多了。你治下的百姓遇到灾荒年头，年老体弱的饿死在田沟山溪里，年轻力壮的逃散到四方，大概有一千人了。”

孔距心说：“这又不是我能够解决的。虽然地方上有粮仓，但没有君主的命令不能开放。如果擅自开仓赈济灾民，我会遭法办的。”

孟子说：“如果有个人替别人放牧，那么这个人一定要为牛羊找到牧场和草料。如果找不到牧场和草料，那么他是把牛羊还给主人呢，还是站在那里看着牛羊饿死？”

孔距心还算很诚恳，听了之后说：“这确实是我的罪过。”

过了几天，孟子把这番对话转述给齐宣王，说：“大王手下的地方长官，我认识五位。明白自己罪过的，只有孔距心。”

齐宣王说：“这是寡人的罪过啊。”

孟子告诉我们，一个大臣担负某个职务，却不办实事，照顾不好老百姓，不能找任何借口，做不到就该辞职。在其位谋其政，任其职负其责，是领导干部最起码的要求。干部就是人民的公仆，必须恪守从政准则，认真履行职责，不浮躁、不懈怠，踏踏实实干事，兢兢业业工作。如果于工作无所用心，于事业无所追求，于人民无所贡献，就是愧对人民群众，不配担任党的干部。古代官员尚且懂得“食君之禄，忠君之事”，作为用科学理论武装起来的现代官员，更应当时刻牢记自己的神圣职责，具有强烈的事业心和责任感，尽心竭力为人民工作，而不能混日子。

忠诚于行政职责之所以可贵，就在于它是公正、廉洁、奉公、勤政乃至牺牲等行政道德的价值基础和衡量尺度。按章办事，该办的事哪怕是个人的冤家对头，都要及时办；不能办的事，哪怕是顶头上司、至爱亲朋，也要抵制；该讲的好话要讲，不该讲的坚决不讲。乐当“好人”，假公济私，都是对职责不忠诚的表现，也是不讲官德的表现。

东汉人何汤早年师从大名士桓荣，后来做了把守宫门的官。有一天，光武帝刘秀微服私访，因为路途较远，一直赶路到深夜才回宫。当时，何汤正守卫开阳门，无论皇帝的随从们怎样磨破嘴皮，他都坚决不开宫门，认为过时开门，违反宫中禁令。不得已刘秀只得改从中东门入宫。人们都以为何汤就要大祸临头了，没想到第二天早上，刘秀却赏赐何汤一顿早餐，而中东门的守卫却被罚了俸禄。

与一般人不同的是，公务员不仅应该做好自己职责范围内的工作，同时，还应该有一种角色道德意识，树立行政价值意识。具体而言，在是与非面前保持正确的价值判断，以维护公共利益为行政行为的动机，树立为人民服务的价值目标，竭尽全力去实现公共利益的最大化。一个政府工作人员，如果没有建立起维护公共利益的信念，他也就不会承担起维护公共利益的责任。无论制度的设计多么完善，他在维护公共利益方面也不会表现出热情，甚至有可能在产生了个人利益要求的时候，就会破坏公共利益。

宋国有一位大夫叫戴盈之，他听孟子讲怎么照顾百姓，很感动，就说要免除关卡和市场上的征税，但今年还做不到，就先减轻一些，到明年再废止现行的税制，问孟子这样做怎么样。孟子打了个比方说：“如果有个人每天偷邻居一只鸡，别人跟他说，这不是君子的作为，他说：'那就减少点，每月偷一只鸡，等到明年就不偷了。'如果知道那是不对的，应该马上停止，为什么还要等来年?"

戴盈之的错误，就在于缺乏工作热情。在实践中，行政责任缺失主要有两种情况。一是被动应付，把上级文件和领导指示当做"耳旁风"，习惯于以文件"落实"文件，以会议"落实"会议，口号震天响，标语满街贴，就是鲜见实际行动。二是马虎从事，对上级精神、法律法规学习不够，理解不透，草率落实，麻痹大意，以致在执行中出现偏差，发生问题。不管哪种情况，都是工作的失职，都是对工作不负责任的行为，是对人民的犯罪。

忠于公益　不忠私人

忠者中也，至公无私。

——（东汉）马融《忠经·天地神明》

在中国古代思想史上，忠是一个非常重要的伦理道德范畴。由于忠的对象和实质的差异，在忠的伦理实践中自然而然产生了公忠与私忠之分。公忠即忠于国家、人民和正义事业；私忠则是简单忠于个人或某一利益集团。

公忠与传统的忠君有着根本不同，其本意为利民、利公、利国，是处理个人与国家关系的原则，例如"忠于祖国"、"忠于社会"、"忠于人民"、"忠于组织"便是个人与国家、个人与集体之间的伦理规范。后来儒家将忠诚引申、扩大到社会伦理的范畴，用以处理人与人之间的关系，如：对朋友忠诚、对爱情忠诚等。可以说，忠诚是任何团体、任何组织得以保持和发展的重要因素。正确的价值观所引导的忠诚，会使行政组织更有凝聚力，它既是行政人员实现自我发展的前提，又是行政组织有效运作的必备条件，还是人民群众利益最大化的有力保障。而错误的忠诚观，会使行政人员和行政组织偏离正确的目标，与人民大众的愿望背道而驰。

在中国封建社会政治文化生活中，忠被看做“为国之本”、“义理之归”，是当时社会的最高行为准则。它要求人们忠于人、忠于事、忠于理，倡导“以公灭私”、“天下为公”、“公而忘私”的公忠精神，当然也包括“忠惟事君，事君必忠”的私忠要求。

私忠在我国的影响广泛而深远。我国古代封建社会倡导的“忠君爱国”，即是典型的名为公忠、实为私忠。所谓“忠君爱国”，其实是混淆了公忠与私忠的基本界限，行公忠之名，为私忠之实。忠君是否等于爱国，取决于君是否一直代表国和君是否一直从善治国，否则，这一假设并不成立。我国封建社会历史上，私忠是那些地位低卑的人投靠权势人物或权力集团的法宝，而奉行公忠的人却很难从其忠诚的对象那里获得直接的现实利益和保护，奉行公忠的人必须有奉献精神和牺牲精神。

在明朝的历史上，于谦是一位著名的“救时宰相”。他从小就仰慕文天祥，立志以天下为己任。他思考着古今治乱兴亡的道理，慨然写下了《石灰吟》：“千锤万凿出深山，烈火焚烧若等闲。粉骨碎身浑不怕，要留清白在人间。”

明英宗的时候，于谦任兵部左侍郎。正统十四年七月，蒙古瓦剌部落首领也先率领骑兵大举南犯。当时宦官王振专权，极力鼓动明英宗北上亲征。结果明军在土木堡遭到惨败，英宗被俘，瓦剌大军直攻北京。

京城装备精良的守军都已经随英宗出征，剩下的士兵不足十万，都是些老弱；而瓦剌军兵强马壮，乘胜而来，大有不可抵挡之势，北京城岌岌可危。一时间人心惶惶，许多大户人家纷纷南逃。

这时，留在京城监国的郕王朱祁钰请大臣们出主意。一部分大臣主张朝廷趁瓦剌军尚未到来之际，赶紧迁都南方。这时候，于谦毅然站出来，非常严肃地说："主张南迁的人，应该斩首。京城是社稷的根本所在，一旦动摇必将导致不可挽回的后果。大家难道不记得南宋迁都的教训吗?"一句话点醒了众位大臣，郕王也非常支持于谦的看法。由此，南迁的提议被废弃，保卫北京的策略确定下来。

国不可一日无君。英宗被俘，也先屡次以其相要挟。国难当头，社稷为重，于谦和大臣们果断地拥立郕王即位，遥尊英宗为太上皇。于谦被任命为兵部尚书，全权指挥保卫北京的战役。当时，朝野上下都倚重于谦，于谦当仁不让，也毅然以社稷安危为己任，率军大败瓦剌军。

瓦剌战败后，开始与明朝议和，想送英宗回国。一山难容二虎，朱祁钰有些不情愿地说："当初，朕本不愿意登上帝位，迫于形势紧急，是你们各位把朕推到这个位子上。"听皇帝这么说，其他的大臣都不敢作声了，唯有于谦从容对答："陛下登上帝位，是顺应天时，如今大局已定，按道理应该马上把太上皇接回国。"朱祁钰环顾群臣，见大家都默然，不由得叹口气说："就按你的意思办吧。"

没想到景泰八年正月，石亨等人趁景帝病重之际，发动了"夺门之变"，重新推举英宗即位。他们怀挟私心，诬陷于谦谋反。于谦被害当天，京城百姓哭声震天；行刑之时，乌云蔽日。皇太后听到于谦被处死的消息，叹息了好几天。事后，英宗皇帝也后悔自己错杀了一位忠臣。而那些诬陷于谦的人，不到一年的时间，竟接二连三地因贪污或谋反罪落狱，使于谦的冤情得以天下大白。

于谦拥立郕王，迎回英宗，不怀有一丝一毫的私心，全都是为国家社稷着想。明宪宗成化二年，于谦的冤案昭雪，宪宗在诏书中赞叹于谦道："当国家之多难，保社稷以无虞，唯公道之独恃，为权奸所并嫉。

在先帝已知其枉，而朕心实怜其忠。”诏书被天下人传诵，历史终于还忠臣以公道。

在现代社会，忠的伦理要义已经演化为形式要义与实质要义两个方面。忠的形式要义即忠于国家、社会和公众，而非个人或某一利益集团；忠的实质要义即坚守正道，确保公正与仁义。忠作为一般品质，要在终极伦理品质和终极行为规范的指导下运作。忠的对象必须是正义的人类事业，忠的行为必须符合正义与仁爱原则。毫无疑问，忠的伦理品质如果是面对不义的个人或集团，很快就会引起各种内在的矛盾，从而使忠变奸。

忠诚老实　不务虚假

尽心于人曰忠。

——（北宋）司马光《四言铭系述》

“忠诚老实”本是人人都应具有的一项品德，五千年中华文明，更是始终倡导这种美德，官员所应具备的“忠诚老实”，较之一般公众更有特殊意义。

忠诚是指对特定对象的一种赤诚无私、尽心竭力的思想情感和道德操守，是一个人的世界观、人生观和价值观的体现，代表着忠实、诚信、服从等含义。老实，则是指实实在在，实事求是，是一种态度和方式，体现在日常生活的方方面面。“忠诚”、“老实”放在一起，主要是强调立场、真伪的问题。对个人而言，这是人生和人格的基本的问题。对官员而言，这是官德的基本要求。官员的忠诚老实是一种归属感，一种责任感，也是一种气节大义，要以崇高的信念做支撑。

“忠诚”、“老实”一直是中华民族传统公认的最基本的价值标准和美德之一。从小的角度看，是人们之间友善相处、和谐幸福的要求；从大的层面看，则是政治清明、国家发展、整个社会良性运行的保证。更广泛地说，忠诚老实还和“诚信”、“气节”、“情谊”、“忠贞”等问题密切关联，是体现这些方面的基础，是这些外在表现的内心印证，是诚心诚意，真实无妄，既不自欺，也不欺人。概而言之，忠诚老实可谓民之本、官之本。

早在尧舜时代，就有对忠诚的认识和强调。尧曾经问舜曰：“我欲致天下，为之奈何?”舜回答说：“执一无失，行微无怠，忠信无倦，而天下自来。执一如天地，行微如日月，忠诚盛于内，贲于外，形于四海，天下其在一隅邪！夫有何足致也!”意思是说：对国家要始终有忠信，内心忠诚强盛，就会振发在外，遍布于四海之内。这是从最高统治表率者的角度，提出要具有忠诚的美德。对臣子来说，这种品质更是不断得到历史实践的选择，从而得以最有效的倡导。

《汉纪·文帝纪下》中记载：“周勃质朴忠诚，高祖以为安刘氏者必勃也。”其实，这只是中国历史上每每上演的选择“首辅”、“托孤”之臣的其中一个案例。在这种取舍中，“忠诚”往往是首要条件，所谓“眷眷之心，无有异哉”，然后可以托付。对于臣子的这种忠诚，还有更进一步的解释：“夫忠臣之于其主，犹孝子之于其亲。尽心焉，尽力焉。进而喜，非贪位。退而忧，非怀宠。”在这里，对“忠”的解释，以更被一般人所接受的，更具普遍意义的“孝”来阐述。在家而孝于亲，于国而忠于主，以小喻大，大同小理。强调尽心、尽力做事，而不是贪图权位和恩宠。

要想担当重要的职位，必须忠诚务实。职位越高，对忠诚老实的要求也就越高。为官者，应该比一般老百姓具有更高的忠诚老实的道德要求。官员身处一个严密的组织系统之中，不仅要做好上传下达，更要做好各种民情民意的调查研究。这些事，无不需要诚实而为，来不得半点虚假。同时，官员还身处“庙堂之上”，对国家和社会的影响超于常人，常涉重大事务，若不忠诚，必不能尽力，极端者甚至可以背叛祖国、背叛信仰，失去气节大义。

老实人做老实事、说老实话，与实际高度贴近，当然就经得起历史的检验。官员面对各种重大的、历史性的事件，以这种忠诚老实的态度去面对，其实是一种最简单、最有效、最智慧的处理方式。

以忠诚老实为本的人，俯仰立信于天地，行止无愧于良心。老实人可以坦坦荡荡做人，光明磊落干事；老实人其实是一种大智慧，是一种高境界。忠诚老实，属于一种美德也是一种超越。与之相反，弄虚作假、见风使舵、虚与委蛇，只是一种小伎俩。

《墨子·公孟》说：“政者，口言之，身必行之。”意思是，处理政务，要言行一致。不忠诚者，必然要付出极高的机会成本和代价。弄虚作假者，必然要为了一个谎言而去进一步编造谎言。这样，便要付出更多的精力，承担更多的烦恼。历史上有许多“应时善变”者，随时寻找投机的机会，不断更换靠山的门庭，最终大都是机关算尽，难以善终。《三国演义》中武功最高强的吕布，就是这样变来变去，“三姓家奴”，再后来想投靠新的主子，已经无人可信，没有市场了。

在今天，这种讲真话、干实事的精神，尤其具有其珍贵的价值。说空话，不干实事，弄虚作假，不忠诚、不老实历来是事业的大敌。妄想以这些小聪明、小手段，去博取官位，去对待工作事业，注定不可能有大收获。有的官员，对组织决策阳奉阴违，嘴上说一套，实际做一套；上有政策下有对策，只讲虚的，不干实事，已经产生了很不好的影响。这种人多了，不仅于事业发展无利，而且会严重涣散纪律，损害形象。是提倡官德的过程中，尤其要反对的。

老实做事不是庸庸碌碌、无能无为，而是实实在在做人、踏踏实实干事、兢兢业业工作。老老实实做，事可能会吃亏，可能会受委屈，可能被忽视，可能会丧失一些高官厚禄的机会，但从长远看，却会获得大的成功，获得更大的事业成就。与老实人相对照，有一些投机钻营者，做虚功、拉关系、搞奉迎，把心思和精力都用在“造势”和“谋官”上。这种人丢开做人做事做官最基本的底线和原则，丢开忠诚谋取官职，背弃老实贪得利益，也许可以有一时的收获，但终究不会对事业有大的推动，不会获得长久的发展。

诚信为本　不事欺瞒

处官不信，则少不畏长，贵贱相轻。赏罚不信，则民易犯法，不可使令。

——《吕氏春秋·贵信》

子贡向孔子请教治理国家的办法。孔子说：“只要有充足的食物，充足的战备以及人民的信任就可以了。”子贡问：“如果迫不得已要去掉一项，三项中先去掉哪一项?”孔子说：“去掉军备。”子贡又问：“如果迫不得已还要去掉一项，两项中去掉哪一项?”孔子说：“去掉充足的食物。自古人都必有一死，民无信不立。”

春秋战国时，秦国的商鞅在秦孝公的支持下主持变法。当时处于战争频繁、人心惶惶之际，为了树立威信，推进改革，商鞅下令在都城南门外立一根三丈长的木头，并当众许下诺言：谁能把这根木头搬到北门，赏金十两。围观的人不相信如此轻而易举的事能得到如此高的赏赐，结果没人肯出手一试。于是，商鞅将赏金提高到 50 金。重赏之下必有勇夫，终于有人站起将木头扛到了北门。商鞅立即赏了他五十金。商鞅这一举动，在百姓心中树立起了威信，而商鞅接下来的变法就很快在秦国推广开了。新法使秦国渐渐强盛，最终统一了中国。

强调诚实守信，是构建社会道德体系的题中应有之义，是促进社会和谐稳定的必然选择，也是解决现实生活中存在突出问题的迫切要求。在现代市场经济环境下，整个社会的诚实守信也是市场秩序的保证。市场经济是信用经济、诚信经济，这是市场经济的内在属性。如果一个社会中的公民没有普遍地具有忠诚老实的品德，整个社会的政治、经济、文化等各方面的关系就不可能得以协调。

中国历史上有几次“大治”的时期，如“文景之治”、“贞观之治”等，社会状态都是政风和畅，社会诚信，路不拾遗，夜不闭户。虽然离理想状态还有差别，但已经为现实的社会运行状态树立了一个标杆。

贞观六年，全国的死刑犯一共 390 人，都在长安等待执行，这时太宗李世民忽然下旨，准许这些死刑犯回家办理后事，第二年秋天再回来就死。结果这些人“无人督帅，皆如期自诣朝堂，无一人亡匿者”。于是李世民全部赦免了他们的死罪。

明知已被判死刑，还视死如归地回来受死；既被纵遣又无人督帅，说明就有可以逃脱的机会。这说明唐朝人的诚信水平已经到了令今人难以想象的程度。

对官员而言，身负治理社会之责，自然要尽力去提高社会的诚信水平，通过自身的忠诚老实，首先起到表率，然后才能推动整个社会的诚信水平。而官员要以诚信为本，特别需要注意三个方面：不瞒上、不欺下、不造假。

古代有个罪名叫“欺君之罪”。无论什么原因，但凡对皇帝谎报假情，或者知情不报，都是要杀头的，由此可见瞒上的严重性。皇帝获知各种信息，是为了掌握事态，做出决断，这一切的基础，都要求信息要真实准确。

北宋词人晏殊十四岁时被作为神童举荐给皇帝。宋真宗召见了晏殊后，要他与一千多名进士同时参加考试。结果，晏殊发现考试题目是自己十天前刚刚练习过的，就如实向宋真宗报告，并请求改换其他题目。宋真宗赞赏晏殊的诚实品质，当即赐给他“同进士出身”。

当时天下太平，京城的大小官员们经常到酒楼茶馆里去宴饮，或者去郊外游玩。晏殊家贫，无钱出去吃喝玩乐，只好在家里和兄弟们读书写文章。宋真宗认为晏殊自重谨慎，正是东宫官合适的人选，于是提升晏殊为辅佐太子读书的东宫官。晏殊谢恩后，却如实说，其实自己也喜欢游玩宴饮，只是家贫而已，若有钱，也早就参与宴游了。晏殊的这番话使大家都感到很意外，但这两件事情却使晏殊一下子赢得了诚实的美誉，在群臣面前树立起了信誉，也使宋真宗对他特别信任。

当然，历史上明目张胆地欺君犯上，谎报假情的官员也不在少数。在唐德宗时期的裴延龄，官至司农少卿、户部侍郎、判度支等职，掌管国家的财赋。税收经济问题本来是最讲准确实际的，但是本来就不大懂财赋业务的裴延龄却极能弄虚作假。他管财赋没几天，就上奏说清查到过去欺隐的钱有二十万贯，请求把这笔钱另贮别库，作为专供皇帝支用的“羡余”。德宗信以为真，就决定拿这笔钱大兴土木。其实库里根本就不存在这笔“羡余”，裴延龄怎么办呢？为了弄到这笔钱，他便“搜求市廛、豪夺人献；追捕夫匠，迫胁就功。以敕索为名，而不酬其值，以‘和雇’为称，而不偿其佣”。都城之中一时乌烟瘴气，甚至街上的商号白天也闭门不开。他的这种弄虚作假，使德宗挥霍掉了很多钱财，使老百姓怨声载道，以致到他去世时，大家都互相祝贺。

为什么官员会去谎报假情呢？归根结底还是为了获得更好的利益回报，于是便丧失道德操守，抱着侥幸心理，瞒天过海，阳奉阴违，置诚信于不顾。

官员在不瞒上的同时，还要特别注意不欺下，把真实的情况告诉人民，告诉后人，从而对人民负责，对历史负责。这种忠诚老实，是更高层面的一种精神境界。很多事情，稍微离远一点，会看得更清楚。人们还常说，千秋功过，自有历史评说。一件事情，一个人的作为，无论在当时有什么样的社会反应和效果，从长远看，历史终究会有一个客观准确的评判。所以，官员的忠诚老实，从长远看，也应忠诚于历史，把真实的历史状态留下，对历史负责。

人民群众始终是历史的主体，任何官员，无论其一时的权位有多大，终究只是历史中的一小部分。对待历史，最好的方式，就是坦诚面对，忠实于历史。要想求得青史留名，就要真正以对历史负责的态度，做好每一件事，而不是想着怎样去粉饰。

坚持原则　捍卫真理

人能弘道，非道弘人。

——《论语·卫灵公》

真理，是最纯真的道理，即客观事物及其规律在人的头脑中的正确反映。真理的内容是客观的，是不以任何人的主观意志为转移的，真理不能因人而异。不管是什么人，尊重客观规律，按真理办事，事情就办得好。相反，如果违背了客观规律，不按真理办事，同样会受惩罚。人类社会的发展史，就是一部不断追求真理、不断与各种谬误做斗争的历史。为了减少失误，古代也设置了谏官，从制度上保证君主和大臣不会胡作非为。

司马光以天章阁待制兼侍讲任知谏院时，写过一篇著名的《谏院题名记》，论述了谏官的职责与重要性。汉代以前无谏官，梁武帝萧衍始置专职谏官，唐朝叫“补阙”、“拾遗”，但职权不大。宋朝开始，谏官作用空前加强，并规定：谏官上任后，两个月内无谏言，便被视为不合格，解除职务。但是另一方面，如果谏言不当，触怒权贵，又会遭到不测。所以，谏官承受的政治风险很大，是个很不好干的职位。正是针对这种情况，司马光在《谏院题名记》中写道：“夫以天下之政，四海之众，得失利病，萃于一官吏言之，其为任亦重矣。居是官者，常志其大，舍其细；先其急，后其缓；专利国家而不为身谋。”官员要做到坚持真理，谏官的这种精神值得学习。

在我国传统中，就有为尊者讳、为贤者讳、为亲者讳等的习惯。就是说，要为尊贵的人、为圣贤、为亲属长者隐瞒掩藏或者避让他们的过失、错误、忌讳等，认为这是对他们的尊敬。而在一个人坚持真理的过程中，他所承受的压力，有很大一部分就是来自于这些尊者、贤者、亲者，来自于和他们之间的冲突。是尊敬、顺从这些人，还是坚持真理，冲破这种压力呢?

魏征是历史上有名的敢于直言进谏、敢于为坚持意见而触犯龙颜的人。他和唐太宗相处十七年，多次激烈争论，互不相让，但魏征就是不屈从于唐太宗的权威，甚至屡次顶撞皇上。魏征去世后，唐太宗极为思念，感慨地说：“夫以铜为镜，可以正衣冠；以史为镜，可以知兴替；以人为镜，可以明得失。朕常保此三镜，以防己过。今魏征殂逝，遂亡一镜矣。”

对于官员而言，要坚持真理还要处理好一个矛盾。很多情况下，真理往往掌握在少数人手里。新的观点、理论、创造发明刚出现时，都往往是少数派，会受到来自四面八方的陈旧、错误观点的围攻。真理总是在经过一番艰难曲折的斗争之后，在实践面前，在现实面前，才使谬误屈服，才被人们所接受。只要意见是对的，掌握着真理，即使在一段时间内多数人不认识、不理解、不拥护，从长久来看，总是会被多数人所认识、理解和拥护的。当处于重压之下时，还要坚持真理。比起身处少数，难度可能又增加了几分，更考验一个人的意志和信念。

宋朝开国初期的宰相赵普性情沉着、严肃刚正，虽然对人多忌妒刻薄，但能把天下大事作为自己的事。宋代初年，在宰相职位上的人，许多都拘于小节，按常规办事，不多言语，赵普却刚毅果断，没有谁能与他相提并论。他曾经上奏推荐某人担任某个官职，宋太祖赵匡胤不用这人。赵普第二天又上奏章举荐这人，赵匡胤还是不用。第三天，赵普还是上报这个人。赵匡胤十分生气，把赵普呈上的奏章撕碎了扔在地上。赵普脸色没有改变，跪着捡起撕碎的奏章回家了，过了些日子，赵普粘补连结好原来的奏章，重新像当初一样拿去上奏。赵匡胤这才醒悟过来，终于任用了赵普推荐的那个人。

坚持真理，关键要敢于舍弃个人名利得失，具有奉献牺牲精神，即便受到残酷迫害乃至生命不保，也决不屈服。

春秋时，齐庄公与大臣崔杼妻通奸，不但公然经常到崔杼家里去幽会，而且公开污辱崔杼，将崔杼帽子随意赐给别人。崔杼趁齐庄公入室幽会之机兴兵造反，令卫兵用箭射杀爬墙逃走的庄公，使其坠地摔死。崔杼随即立景公为帝，自立为相，操揽大权。不料齐国的史官如实记下“崔杼弑其君”这一大逆不道的史实。崔杼大怒，杀了史官。按照规矩，由史官的弟弟接任。没想到史官的弟弟仍然写下“崔杼弑其君”，崔杼把他也杀了，再由史官的二弟接任。史官的二弟依然秉笔直书，最后惨遭毒手。史官的三弟上任后，仿佛不知道自己三位兄长的遭遇，写下的还是“崔杼弑其君”。崔杼只好作罢。还有一位“南史氏”，听说齐国史官的遭遇，拿着竹简赶来，要替齐史来写这段历史，后来得知史官的三弟完成了使命才回去了。

这段史实是坚持真理、唯真求实的中国“良史”的典范先河。毫无疑问，在捍卫真理的过程中，往往会遇到各种各样的刁难与打击，这就需要国家公职人员在关键时候经得起考验，敢于无私无畏，同错误思想和行为作坚决斗争，既不能怕得罪人，又不能怕打击报复。坚持真理与维护谬误往往是针锋相对的，与无视真理的同志产生矛盾是必然现象。这个时候，如果丧失官德，患得患失，怕这怕那，明哲保身，妥协回避，肯定不能坚持真理。因此，只有坚持原则，摆脱个人名利得失的羁绊，才能捍卫真理，对国家和人民负责。

坚守信念　追求理想

敢犯颜色，以达主义，不顾其身。

——（西汉）司马迁《史记·太史公自序》

官德的建设，必须要有信念的支撑。人的思想意识、理想信念等价值观体系一旦形成，便会成为人行动的内在动力，支配着人的行为，指挥着人的行动。人如果有了坚定的信仰和信念，就会调动自己全部身心，包括意志、情感、智慧和力量去为之奋斗，即便是遭到挫折和失败，亦可在精神上无怨无悔，行动上不屈不挠。而一旦信仰动摇、信念坍塌，人的心灵就会扭曲，精神防线就会冲破，道德就会失守，歪风邪气就会上升。

理想信念就是人精神上的“钙”，没有理想信念，理想信念不坚定，精神上就会“缺钙”，就会得“软骨病”。很多官员刚上任时，具有高尚的道德情操，有坚定的理想信念，有正确的世界观、人生观、价值观，能够积极为人民服务，把人民的利益放在首位，恪守“为人民服务”的宗旨，但是上任不久，就出现了各种各样的腐败，根本的原因是理想信念的缺失，导致他们的世界观、人生观、价值观发生了根本的变化。

清乾隆四十六年，甘肃省全省官员串通一气，用赈灾的名义集体私分巨额公款。全省没有一个官员是干净的，也没有一个官员举报，被后人称为“清朝第一大贪污案”。案发后，乾隆气得发抖，连连大叫说：“官官相护之风，至于举朝皆然!”他严令重惩，甘肃总督勒尔谨被赐自尽，藩台王亶望、兰州知府蒋全迪斩首示众，接任藩台王廷赞处以绞刑。

王廷赞任甘肃布政使之前，曾做过安定县知县，也曾廉洁奉公，为安定县百姓做过不少好事，至今在定西地区还有一座残留的“王公桥”，这是老百姓对架桥修路，造福一方的县官的赞誉。

前任王亶望利用“捐监”贪污，王廷赞接任甘肃布政使后，也发现监粮折银不符合捐监的规定，与总督勒尔谨商议，欲请停捐，但实在经不住利益的诱惑，与勒尔谨沆瀣一气。从乾隆四十二年六月至四十六年初，在他的任上，又办理监粮500多万石，与王亶望如出一辙，复蹈泥潭。

坚持信念，就能“出淤泥而不染”；丧失信念，就会沾得满身灰尘。信念关系国家的前途命运，关系全民族的兴衰，决定着每一个人的人生取向，中国共产党之所以能够带领人民取得革命、建设和改革的伟大胜利，最根本的原因就在于共产党人有着为社会主义和共产主义奋斗终身的崇高理想和坚定信念。历史上伟大的改革者也都是靠坚定的信念，才能吸引人民群众去他们并肩战斗。

谭嗣同是中国近代资产阶级著名的政治家、思想家，维新志士。他的父亲谭继洵曾任清政府户部郎中、甘肃道台、湖北巡抚等职。生母徐氏出身贫寒，作风勤朴，督促谭嗣同刻苦学习。10 岁时，谭嗣同拜著名学者欧阳中鹄为师，在老师的影响下，他对王夫之的思想产生了兴趣，受到了爱国主义的启蒙。

1898 年，谭嗣同参与维新变法，接受光绪皇帝授予的四品卿衔。变法失败后，他决心用自己的牺牲去向封建顽固势力作最后一次反抗。谭嗣同把自己的书信、文稿交给梁启超，要他东渡日本避难，并慷慨地说："不有行者，无以图将来，不有死者，无以召后起。"日本使馆曾派人与他联系，表示可以为他提供"保护"，他毅然回绝，并对来人说："各国变法无不从流血而成，今日中国未闻有因变法而流血者，此国之所以不昌也。有之，请自嗣同始。"临刑时，他神色不变，大声说："有心杀贼，无力回天，死得其所，快哉快哉！"充分表现了一位爱国志士舍身报国的气概。没有坚定的信念，定无如此英雄的作为。

官员只有坚守信念，才能从根本上确保自己在思想上祛污除垢，在政治上健全机体，在作风上严于律己，始终保持一种宁静而豁达的心态，牢记"警戒线"，筑牢"防守线"，远离"高压线"，从而保证精神的纯洁，真正让自己在里面"安居乐业"。坚持信念，也是要常怀敬畏之心，去乱守戒。只有常怀敬畏之心，敬畏历史、敬畏百姓、敬畏岗位、敬畏法纪，才会增强为国家和人民的事业不懈奋斗的使命感和责任感，才会以如临深渊、如履薄冰的心态对待工作，从而自觉地严格要求自己，做到自重、自省、自警、自励，保持正确人生航向，勤勤恳恳做事，堂堂正正做人，清清白白为官。

人总是有欲望的。但如果领导干部私欲膨胀，尤其是追求名利、权力和享乐的欲望膨胀，则会贻害无穷。"贪如火，不遏则燎原；欲如水，不遏则滔天。"面对灯红酒绿、金钱美色等诱惑，领导干部一定要时刻保持清醒头脑，常怀淡泊之心，知足知止，节欲自守。这样，才能使内心坦然淡定，才能稳得住心神，扛得住诱惑，守得住清贫，保得住气节。

官员担负着国家的重任，理应时刻牢记全心全意为人民服务的宗旨，深明“领导就是服务”的道理，切实增强公仆意识，自觉摒弃私心杂念，牢固树立正确的权力观、地位观和利益观。凡事想着群众，一心为了群众，时刻把群众的安危冷暖放在心上，经常想一想党和人民的重托、人民群众的期望；经常想一想自己肩负的责任，才能以夙夜在公、寝食不安的姿态对待自己的职责，切实做到上不愧天、下不愧民、内不愧心。

“不闻大论，则志不宏；不听至言，则心不固。”坚定信念是官员的立身之本。在新的时代背景下，广大领导干部把追求远大理想与完成现实任务结合起来，把理想信念与改变落后生活现状结合起来，争当推动经济社会建设先锋，做共产主义远大理想和中国特色社会主义共同理想的坚定信仰者和忠实践行者。

第三章

Chapter 3

廉

清廉自守　不贪不贿

廉洁是官德的底线。如果失去了廉，也就失去了为官的基本资格。老实做人，清白为官，常思贪欲之害，常怀律己之心，自奉俭约，不贪不贿，使自己的言行合乎道德法律，合乎社会公义，才能以良好的党风政风带动整个社会风气的好转。

清白做人　廉洁自律

国家之败，由官邪也；官之失德，宠贿章也。

——《左传·桓公二年》

清白做人、廉洁自律、不徇私情，不谋私利，是中华民族传统的为官准则，也是新时期领导干部加强道德修养，做到清正廉洁的前提，更是领导者提升权威性，提高感召力，增强领导力，让下属和百姓心悦诚服的道德基础。

“廉”作为一种美德，其历史悠久，源远流长。不仅是各家各派争相解说的为政之德，也是任何统治者都不会懈怠的执政大事。

《周礼·天官·小宰》云：“以听官府之六计，弊群利之治。一曰廉善，二曰廉能，三曰廉敬，四曰廉正，五日廉法，六日廉辨。”就是说评判官府、考察官吏有六个方面的指标：是否善于办事，是否能推行政令、是否谨慎勤劳，是否公正，是否守法，是否能明辨是非。而这六项都离不开一个“廉”字。所以郑玄注解说：“既断以六事，又以廉为本。”事实上，后世统治者对官员的考量，都不外乎以上述“六廉”为基本内容的框架体系。由此可知，“廉”德观念的出现，最早大约在西周时期已正式形成了。

齐景公一度生活奢糜，因此遭到宰相晏婴的批评。齐景公虚怀纳谏，不但不怪罪晏婴，还乐于改过，遂“使有司宽政，毁关，去禁，薄敛，已责”。齐景公还和晏婴讨论过“廉政”话题。齐景公问晏婴说：“廉政而长久，其行何也?”晏婴回答说：“其行水也，美哉水乎清清，其浊无不雩途，其清无不洒除，是以长久也。”

“廉”字的本义是指堂屋的侧边，特点是有棱有角，于是引申为清、俭、严利的行为品格。在“百家争鸣”的春秋战国时代，占主流地位的儒、道、墨、法四家无不既注重个人的廉洁操守，又关注官员的廉行洁风。

儒家的孔子要求人们做到“欲而不贪”。人都有欲望，但是一旦“贪”，就无法做到刚正廉直了。他曾感叹道：“我没见过刚正的人。”有人说：“申枨算是一个吧。”孔子说：“申枨欲望太多，怎么能刚正呢?”孔子这种“无欲故刚”的观点被孟子所继承，并在“养心”、“寡欲”的基础上进一步提出了养“浩然之气”：“其为气也，至大至刚，以直养而无害，塞于天地之间。”孟子所谓“浩然之气”，被后来许多廉直刚正之士所躬行自励。作为儒家别派的荀子，虽然持“人性恶”的立场，但他同样反对统治者聚敛财富的贪利行为，提出“欲虽不可去，求可节也”。如果贪索无度，必然是“争则乱，乱则穷”，导致国家衰亡。

道家则遵循一种“法自然”的“天道无为”观，要求统治者“无欲”、“不争”。在《道德经》中，老子就揭示了这种“人主多欲，祸乱之源”的社会根基，居上统治者的贪欲奢靡之风会招致在下黎民百姓的反抗，从而激化社会矛盾，引起政局不稳，社会动荡。道家另一代表人物庄子也将那些贪得无厌的诸侯称之为“窃国大盗”。针对当时社会因诸侯贪婪而引发的不断兼并战争，庄子劝告统治者应该做到“无欲而天下足，无为而万物化，渊静而百姓定”。

墨家学说中同样包含了丰富的廉政构想，如“非乐”、“节用”和“节葬”的思想，强调“俭节则昌，淫佚则亡”，奢靡之风将带来“国家必贫，人民必寡，刑政必乱”的恶果。墨子还特别推崇那种为“义”而远离官爵禄位的廉洁之士。墨子的弟子高石子到卫国去做官，卫君给他的俸禄很多，却不采用他提出的治国良策。于是高石子离开卫国回到齐国。墨子很高兴，称赞高石子说："背义而求禄的，我曾经听到过；但是背禄而求义的，我今天见到高石子了。"古人说"不受为廉"，并不是要拒绝他人的任何给予，而是应儆诫不义之施，不虞之惠。如果君主能够虚心纳谏，那么官员"食君之禄"是正当的。若"事君无道，而贪其禄"，就是"不义"之举，"伤廉"之行。

法家对于反腐倡廉的呼声更高。法家代表作《管子》一书中，将廉与礼、义、耻并列为"国之四维"，提出"四维不张，国乃灭亡"，说明了"廉"对国家之存亡的重要性。法家更是重视从法律上严惩贪墨以倡廉。如商鞅指出："夫废法度而好私议，则奸臣鬻权以约禄。"言下之意是，如果撇开法律而私下议政的话，则奸臣们就会弄权索贿。在韩非的《八奸》中，明确把那种聚财以纵欲的挥霍无度行为称之为"养殃"，就是"助长灾祸"。法家主张，要通过严格的法律，使"百官之吏，亦知为奸利之不可得安也，必曰：'我不以清廉方正奉法，乃以贪污之心枉法以取私利，是犹上高陵之巅，堕峻溪之下而求生，必不几矣。'"意思是说，如果为官贪贿的话，就如同身处陡峭的高峰而坠入险溪一样，生还的可能性很少。

令尹子文是春秋时与鲁国季文子齐名的廉吏楷模。《国语·楚语下》记载，有人问令尹子文："人们都追求财富，你却避之不及。这是为什么呢?"令尹子文说："凡从政的人，为的是保护人民。现在人民多有贫困，而我发财致富，那就是劳役人民使自己富有，离死没有几天了。"所以他说，"我逃死，非逃富也"。这就是法家希望达到的理想。

不过法家的设想自古以来就被认为是等而下之的。明代的《从政录》对世人之"廉"做了细致的划分："世之廉者有三：有见理明而不妄取者，有尚名节而不苟取者，有畏法律保禄位而不敢取者。"害怕法律制裁，担心丢掉官职的，是"勉强而然"，等级最低；崇尚名节的人是好"名"而不好"利"，这样的人是"狷介之士"，也不是最好的；最好的是“见理明而不妄取，无所为而然”，真正将廉洁作为一种道德规范，深刻理解并努力躬行，才会使“廉”之德产生强大的精神力量，使其成为立身之基，齐家之始，治国之源，从政为民之根本。

廉为政本　不取毫介

廉者，政之本也。

——（春秋）晏婴《晏子春秋·内篇杂下》

在古代，清廉既是为政者的基本官德素质，也是吏治与政绩考核的核心。康熙皇帝曾说：“吏治之道，惟清廉为重。”清末中兴大臣曾国藩将居室命名为“八本堂”，其中有“一本”就是“居官以不要钱为本”。清正廉洁，是对公职人员、领导干部的基本要求。对于为官从政者来说，只有保持清廉不贪，才能做到行直无私，无私就能做到公平。否则，一旦私心萌动，可能就会利令智昏而徇私枉法了。

张伯行是清朝著名清官，康熙皇帝称赞他“天下清官第一”。“宽一分民受赐不止一分，取一文我为人不值一文”，这句脍炙人口的廉政格言就出自张伯行。

张伯行做福建巡抚的时候，兢兢业业，明察秋毫，抑恶扬善，造福百姓，使得全省风气大变。福建山多地少，田亩贫瘠，每年都要从外省购买粮食。但前几任官员从不过问此事，任由奸商囤积居奇，牟取暴利。百姓深受其害。张伯行经过调查，弄清原委之后，当即决定由巡抚衙门从外地买来粮食，再平价卖给百姓，使百姓免受奸商盘剥。在他任职期间，福建百姓没有逃荒的。后来张伯行调任江苏巡抚的时候，百姓痛哭相送，如失青天。

正是由于清廉自持，张伯行和贪腐成性的两江总督噶礼矛盾很深，备受压制。他实在难以忍受，便以生病为由请求退休。康熙爱惜人才，劝勉他说："伯行操守清洁，立志不移，朕所深悉。江苏重地，正资料理，不得以衰病求罢。"张伯行只好忍辱负重，继续为民尽力。

没想到第二年江苏乡试发生了舞弊案，因为噶礼收了嫌犯五十万两贿赂，案子审理一个多月竟然没有任何结果。张伯行愤怒不已，上疏弹劾噶礼。噶礼反过来捏造事实诬告张伯行。因为噶礼是满洲人，康熙不好深究，于是下令张伯行与噶礼先行解任，再命主审官审理。

百姓听到张伯行要去受审，纷纷涌到会馆相送。因为深知张伯行清廉不贪，肯定不会接受礼物，只以水果蔬菜相赠。张伯行依然婉言谢绝。百姓们哭道："公在任，止饮江南一杯水；今将去，无却子民一点心。"不得已，张伯行才收下一把青菜。为防张伯行被人加害，竟有数万人聚集江岸护送。

结果主审官偏护噶礼，案子判下来，张伯行要革职，噶礼却免议。康熙非常生气，说："朕以伯行操守为天下第一，手批不准。此议是非颠倒!"他认为噶礼虽然有才华，"治事敏练"，但是"噶礼操守，朕不能信；若无张伯行，江南必受其朘削且半矣"。于是下旨将噶礼革职，张伯行留任。消息传出，江苏百姓欢呼雀跃。

作为历史上有名的"明君"，康熙对"廉为政本"的原则心知肚明。虽然顾及民族问题，他对噶礼百般容忍，但是当贪官们"官官相护"，足以威胁他的统治时，他仍然能够摒弃贪腐，而让清廉的官吏得到奖赏。由于封建官场的腐化，张伯行仍旧受到排挤，被弹劾"狂妄自夸"，康熙就让他任"南书房行走"，留在自己身边参赞政务，称赞他是"真能以百姓为心者"。

如果为政者正直清廉，为民之表率，则百姓效仿，民风自然淳朴；

反之，如果为政者皆贪腐成风、以权谋私，势必上行下效，以致举国贪贿之风蔓延，民风必变，政教必失。雍正皇帝即位后也非常敬重张伯行，很快升他为礼部尚书，军国大事都听从他的建议。雍正一朝对贪官污吏的打击也很严厉。等到喜欢享乐的乾隆皇帝登基，张伯行这样的清官渐渐得不到皇帝的支持，“天下第一大贪”和珅的出现也就很自然了。

历览古今中外历史，那些廉洁为民的政权皆能赢得民心，使社会得以良序发展；而那些贪污成风、贿赂公行的腐败社会则往往会矛盾激化、世道衰微，终至政权颠覆、国家灭亡。因此，官员廉洁与否，不仅影响一国民心之向背，在很大程度上还决定了一国政权之兴亡的政治命运。从这个意义上说，历代王朝的兴衰也可以看作是一部腐败与反腐败的廉政斗争史。以中国历史为例，凡是那些政治稳定且执掌时间久远的朝代往往与其统治者重视廉政治国、形成廉政传统有关。要知道皇帝只有一个人，生活再腐化，所费也是有限的，国家未必养不起。但是皇帝奢靡就会引起官吏仿效，积锱累铢，就会给人民带来极大负担。有时候皇帝倒是非常节俭，奈何官场贪腐的风气已经形成。

清末李元伯《南亭笔记》记载，有一次道光皇帝想吃粉汤，内务府竟报预算七万五千两，说是“须另盖一厨房专人司之”。道光非常惊讶，说：“我知道前门外一个饭馆每碗只卖四十文，每天派个太监去买不就完了吗?”何德刚在《春明梦录》也记载了一则逸事。道光特别喜欢穿湖绉裤子，有一回裤腿上破了一个洞，他不肯做新的，便命内务府拿去织补。没想到裤子补完，内务府竟报销白银三千两，够做一百条新裤子了。道光急召管事官员说明，内务府官员对此的解释是：“皇上所穿裤腿，系属有花湖绉，剪过几百匹，鲜有花头恰合者，是以如是其贵。”让道光也哑口无言。

皇帝爱穿补丁衣服，上行下效，北京城里的旧货铺子把库存的破烂衣衫都卖了个好价钱。品相稍好的旧衣服比新的还贵，有些穷京官买不起，就只好自己做旧，把新袍子弄破加上补丁。然而三品大员过一次生日就耗费白银八万两，河南一个知府的夜壶把手居然镶嵌了三颗翡翠，直追后蜀末代皇帝孟昶的“七宝溺器”。

所谓“致治安民，端在得人”。在封建社会，肃贪反腐的制度也很完善，但即使是朱元璋那样用“剥皮实草”的酷刑来惩治贪官，也挡不住官员贪污；即使座位旁边就挂着前任的人皮，也挡不住后任继续受贿。贪官污吏这样“前仆后继”，让朱元璋也十分惊讶。

所以，倡廉最重要的还是要培养公职人员的道德感。官德之力，要比严刑峻法更为有效。

廉则政兴　贪则国亡

朝廷致治，惟在端本澄源。臣子服官，首宜奉公杜弊。大臣为小臣之表率，京官乃外吏之观型，大法则小廉，源清则流洁。此从来不易之理。

——（清）玄烨《应行应革事遍谕诸臣》

纵览历史上任何一个太平盛世的兴起，无不从政治清廉开始。如汉代的文景之治、唐代的贞观之治、清代的康乾盛世，无一不是由政治清廉而带来的政通人和。

在经历了秦末长期战乱之后，刚刚立国后的西汉王朝民生凋敝，百废待兴。据史书记载，汉初时“民亡盖臧，自天子不能具醇驷，而将相或乘牛车”。

到了汉文帝刘恒在位时，采取了“无为而治，与民休息”的国策，自上而下地在全国倡导勤俭廉洁，反对官吏贪墨。汉文帝本人身体力行，在“廉”的方面敢做民之表率。他本人生活非常俭朴，带头节约开支，缩减自己的衣服、车驾，精简官僚机构，开仓赈济灾民，一举一动都本着“以示敦朴，为天下先”的目的。他从登基到去世，从未劳民伤财扩建宫室园林，没增加过犬马车驾。凡是不利于民生的，他即下令予以撤销。他还亲自带头穿质地粗劣的布衣。为了节省布料，嫔妃都不许穿拖地长裙。在修葺皇陵时，也规定一律使用瓦器，禁止用金、银做首饰。

其后的汉景帝同样保持了汉文帝的俭朴作风，并在全国大力倡导廉政，痛斥吏治腐败。后元二年，汉景帝下《令二千石修职诏》，说：“今岁或不登，民食颇寡，其咎安在？或诈伪为吏，吏以货贿为市，渔夺百姓，侵牟万民。县丞、长吏也，奸法与盗盗，甚无谓也。其令二千石各修其职；不事官职耗乱者，丞相以闻，请其罪。”面对粮食歉收，人民衣食无继的局面，汉景帝没有把它归结为“客观原因”，而是认为这是官吏奸诈虚伪、侵害百姓造成的，要求各地郡守严格履行自己的职责，管好县丞；郡守昏昧不明，不忠于职守的，丞相就要如实上报，治他们的罪。

在文、景二帝大力提倡之下，汉初不乏廉吏。《汉书·循吏传》记载，文景时，“循吏如河南守吴公、蜀守文翁之属，皆谨身帅先，居以廉平，不至于严，而民从化”。文帝时的李广历任七郡太守，前后四十年，其所得赏赐皆分以部属，终身不言货产财物。景帝时郑当时为太子舍人，不置产业，死时家无余财。

正是在文、景二帝勤俭尚廉的治理之下，终于开创了历史上“文景之治”的宏图大业，彻底改变了自秦末以来百姓颠沛流离、民生凋敝的衰世局面，也为西汉王朝的兴旺发达赢得了良好的开端，以雄辩的历史事实向后人展示“廉则政兴”的道理。

国家任用官员进行社会管理，无疑首先要求官员有管理才能。然而比能力更重要的是官员的品德。康熙曾说："国家用人，当以德器为本，才艺为末。""观人先心术，次才学。心术不好，便有才学何用?"这是因为官员掌握着国家的权力，如果"有才无德"，对社会的危害会远远大于他的贡献。北宋的"权相"蔡京就是最有代表性的"有才无德"之辈。

蔡京曾经是王安石变法的坚决拥护者和得力干将。新法推行后，社会矛盾得到缓和，政府收入有所增加，全国各地兴修水利工程一万多处。然而宋神宗死后，高太后临朝听政，司马光出任宰相，尽复旧人旧法，对新人新法一概排除。

《宋史·蔡京传》记载，司马光秉政后，首先恢复旧的差役法，限期五天完成。官员都觉得时间太紧迫，只有蔡京完成任务，"悉改畿县差役，无一违者"。司马光听蔡京汇报之后，高兴地说："使人人奉法如君，何不可行之有?"等到哲宗亲政，重新使用变法官员，任命章惇为相，蔡京任户部尚书。史书说"章惇复变役法，置司讲议，久不决"。蔡京见状，主动上前积极配合，帮章惇解决问题。"十年间，京再莅其事，成于反掌"。从中我们能看到蔡京卓越的办事能力，也隐约可以看出他没有政治原则，只会讨好上司。

果然，随着官位的升迁，蔡京的缺点越来越明显。宋徽宗赵佶生活骄奢淫逸，挥霍无度。他酷爱奇花异石，蔡京就取江浙奇花异石进呈，后来规模越来越大。蔡京主持苏杭应奉局，专门索求奇花异石，运往开封，名为"花石纲"。百姓服花石纲之役的，中产人家都破产，有的卖儿卖女来提供服役的费用。不仅百姓倾家荡产，从宋太祖时开始积累的国库，也渐渐挥霍光了。为弥补财政亏空，蔡京设西城括田所，大肆搜刮民田；改盐法和茶法，铸当十大钱，导致币制混乱，民怨沸腾。

宋钦宗继位后，蔡京被发配到岭南韶关。临行之时，他的金银珠宝装了满满一大船。然而沿途百姓憎恨这个巨贪大恶，不卖给他饮食。从开封到长沙，三千里路上，蔡京很难买到一口饭、一盘菜、一杯茶。到长沙，无处安歇，只能住到城南的一座破庙里，病困交加，饥寒交迫，最后“腹与背贴”，饿极而死。第二年，北宋也灭亡了。

司马光在《资治通鉴》中“评智伯之亡”时说道：“才德全尽，谓之圣人；才德兼无，谓之愚人。德胜才，谓之君子；才胜德，谓之小人。凡取人之术，苟不得圣人、君子而与人，与其得小人，不若得愚人。”就是说与其要“有才无德”的“小人”，还不如任用“才德兼无”的愚人，能够勤勤恳恳，遵纪合法地处理公务，就是做得慢一些，也比“小人”惑乱政事强。所以司马光又说：“自古昔以来，国之乱臣，家之败子，才有余而德不足，以至于颠覆者多矣。”像唐玄宗宠信李林甫、杨国忠，虽然自己是开创了开元盛世的“明君”，也终究逃脱不了政衰人亡的历史命运。反之，若是能任用诸葛亮之类的贤人君子当政，即使遇到了像刘禅这样的昏庸皇帝，也不难实现政治兴旺。

廉故得民　贪则失民

廉者，民之表也；贪者，民之贼也。

——（北宋）包拯《乞不用赃吏疏》

春秋时政治家管仲直言：政之所行，在顺民心；政之所废，在逆民心。在管仲看来，执政者应该以“百姓为天”，并认为从政的目的就在于使国家富裕，人民安居乐业，所以，一切政策的实施，皆以民心向背为依归。

孟子认为，取得天下的统治方式有“霸道”与“王道”两种。要使天下统一，必须首先赢得民心。采取武力方式可以暂时征服人民，却不能征服人心。所谓“以力服人者，非心服也，力不赡也”。如果人民不是心悦诚服，只是由于力量不足而不得不屈服，一旦有机可乘，必将竭力推翻统治者。

民心向背问题，不仅关涉一个政权的合法性，还决定着政权能否长治久安。而民心向背的关键又取决于官员是否勤政爱民、为政清廉。清代思想家顾炎武在《日知录》中谈论官员失德贪利时说：“人臣之欺君误国，必自其贪于货贿也。”显然，在顾炎武看来，由清官廉吏当政则国泰民安，一旦贪官污吏专权，势必祸国殃民。

明代出过不少闻名历史的清官，如海瑞、于谦、况钟等。明朝清官众多，和明朝开国皇帝朱元璋提倡廉洁有很大关系。朱元璋是下层贫苦农民出身，对元朝统治者的贪腐奢糜以亡国的教训感悟最深，因此在他执政时，始终心存戒奢崇俭之念。

朱元璋当皇帝之后，不但将官员进献的宝物悉数毁掉，就是他本人的日常衣食供应也尽量节省。朱元璋最喜欢吃金华所产的香米，作为一国之君，他完全可以把香米列为贡品，让金华年年上贡，但他担心地方官员趁机勒索市民，于是决定在御苑中辟出几十亩水田种香米，以供御膳。山西太原出产优质葡萄酒，自元朝起就列为贡品，朱元璋却挂念“民力维艰”，将它取消了。有一次，朱元璋看到一名散骑舍人穿的衣服非常鲜丽，便问这套衣服的价钱，答曰“五百贯”。朱元璋听罢大怒，叱责说：“农夫寒耕暑耘，早作夜息，蚕妇缫丝绩麻，缕积寸成，劳苦不堪，及登场下机，公私交相勒索，收入大半不能归己所有。长年含辛茹苦，食不果腹，衣不蔽体，你却对农桑辛苦一无所知，制一件衣服花五百贯钱，这是农民数口之家一年的花费。你如此骄奢，岂不是暴殄天物！”

在中国历史上，大凡像朱元璋这样的开国君主，皆能深谙“物力维艰”的道理，即使是出于维护政权的顾虑，他们也能够戒奢以俭。一旦朝廷不奢靡，就会把维系国家机器运转的一切费用开支降到最低，这样老百姓就能得到实惠，王朝也就稳定了。其中道理就在于“天下之财，不在官则在民”。

朱元璋对腐败的大力治理，使明朝维持了70年的清廉政治。政治的清廉也促进了经济的发展。明代曾是世界上工业与经济最繁荣的国家之一，无论是铸铁、造船、建筑等重工业，还是丝绸、棉布、瓷器等轻工业，在世界都是遥遥领先，工业产量占全世界的60%以上。人口从6000多万人，逐步增长至将近2亿人。6%的人口长期生活在城市中，实现了初步的城市化。尤其是手工业的发展促进了资本主义的萌芽，除了盐业等少数几个行业仍旧受到国家控制以外，很多行业都摆脱了官府的控制，由商家组织行会自我管理。同时期的英国商人拥有几万英镑已算巨富，而明朝商人动用几百万两的银子进行贸易和生产已经很寻常了。而城市里的小商小贩，即使只有几两银子的本钱，也能做些小生意，慢慢积累而至小康。

明朝的物价相对稳定，官价一两白银可以买两石大米（大约380斤），即使明末天下大乱时也不过二两一石，正统年间甚至有一两银可以买四石米的年景。再加上普通住房也比较便宜，所以每年30两白银就足够一个五口之家生活。

明朝的税负也很轻。商税原先是三十取一，也就是3.3%，到万历时降到了1.5%。小商小贩年营业额在40两白银以下的还可以免税。农业税民田为每亩一斗米，约18.9斤；官田最多是三斗多一点。万历朝时，人均每年负担国家税大约0.033两白银，合人民币二十多元。

明朝还是官员工资最低的朝代。一个七品县令，除了必要的住房、官服、出行、笔墨办公费用由国家补贴以外，每年的净收入只有45两白银。而一个政府雇用的马夫，一年收入也有 40 两。

经济繁荣、物价稳定、轻徭薄赋，使得明朝百姓生活相对容易，农民起义也比较少。史称“治隆唐宋”、“远迈汉唐”。甚至有学者认为，如果明代中国照这个样子发展下去，可以率先进入资本主义社会、产生工业革命，继而称霸全球。然而这种太平日子并未长久。继朱元璋之后的皇帝由于逐渐懈怠了廉洁执政的意识，享乐思想逐渐占据了上风。上行下效，官员中的奢靡之风也越演愈烈，合法的俸禄又低，贪赃枉法、盘剥百姓的事自然也越来越多，官吏豪绅横征暴敛，贵族争相霸占田地，以致“天灾流行，饥馑游臻，政繁赋重”，官民对立由此日滋。《明史》把当时的社会时局比喻成“一人之身，元气羸然，疽毒迸发，厥症固已甚危，而医则良否错进，剂则寒热互投，病入膏肓，而无可救，不亡何待哉”。由此可知，明朝覆亡的根本原因在于吏治腐败而滋长的“政失民乱”，说白了，就是政失民心，以至于“失天下”。一个朝代政治腐败到这种地步，自然回天乏术了。

“水可载舟，亦可覆舟，”营造良好官民关系的核心，首先应该要求官员努力躬行为政清廉，勤俭治国。否则，只知贪贿，与民争利，必将大失民心。

历行节约　俭以养廉

居官之所恃者在廉，其所以能廉者在俭。

——（清）张圻《答周仲和书》

诸葛亮在《诫子书》中说："夫君子之行，静以修身，俭以养德。"节俭与德修从来都是相辅相成的，并行而不悖。

节俭是中华民族的传统美德。古往今来，有多少智者贤人著书立说，倡导节俭的齐家治国之道、修身养性之方。从《尚书》的"克勤于邦，克俭于家"到《左传》的"俭，德之共也。侈，恶之大也"；从墨子的"节俭则昌，淫佚则亡"到诸葛亮的"静以修身，俭以养德"，从来都是中国人所奉行的金科玉律。

以史为鉴，凡崇尚节俭的朝代，国家必定蒸蒸日上，而奢糜成性的时代，社会必然每况愈下，岌岌可危。所以李商隐才会在《咏史》一诗中发出"历览前贤国与家，成由勤俭败由奢"的叹言。

历代提倡节俭的君主，以曹操为最。《魏书·武帝纪》说曹操是"雅性节俭，不好华丽"，其"后宫衣不锦绣，侍御履不二采，帷帐屏风，坏则补纳。茵蓐取温，无有缘饰"。更重要的是，曹操将厉行节俭确立为国家制度，并且严格执行。《世语》中记载了这样一件事："（曹）植妻衣绣，太祖登台见之，以违制命，还家赐死。"违法穿绣花的衣服就要判死刑，即使是自己的儿媳妇也不能例外。

曹操如此厉行节俭，目的是要抑制豪族的奢侈之风。他整顿风俗，终于使质朴务实战胜了浮华虚誉，醇化社会风尚，有效地发挥了社会监督、澄清吏治的作用，“由是天下之士莫不廉洁自励，虽贵宠之臣，舆服不敢过度”。在当时，倘若官吏“有着新衣、乘好车者”，舆论就会说他不廉洁。所以有些官员为了博取名声，故意“污辱其衣，藏其舆服”。官吏回家省亲也不敢“衣锦还乡”，往往是“垢而羸衣，常乘柴车”。

虽然有这些形式主义的流弊，但不可否认的是，推崇简朴之风是曹操比同时期其他割据势力高明之处，也显示了他杰出的政治才能。这是曹操务实精神的重大体现，也是其政治上取得成功的重要原因之一。魏国也由此成为三国中实力最强大的一支，为以后的统一打下了良好的政治基础。

但是好景不长，继承了曹魏政治遗产的西晋政权在基本统一全国后，立刻改变了朝野上下多年养成的俭朴之风，而代之以奢糜炫富的不良风气。其中就有堪称“奇观”的石崇与王恺斗富的故事。

石崇的父亲石苞曾官至大司马。临死前，石苞将财物分给诸子，可偏偏不给最小的儿子石崇。他说：“此儿虽小，后自能得。”后来石崇当过城阳太守，又升荆州刺史，史书记载他“在荆州，劫远使商客，致富不赀”。原来石崇的钱是亦官亦盗、明火执仗抢来的。财富来路不正，自然难有简朴之德。他与晋武帝的舅父王恺斗富：王恺饭后用糖水洗锅，石崇便用蜡烛当柴烧；王恺用紫丝布做了四十里的步障，石崇便用织锦做了五十里的步障；王恺用赤石脂涂墙壁，石崇便用花椒。晋武帝赐给王恺一棵二尺高的珊瑚树，王恺炫耀给石崇看。石崇看了看，随手拿起铁如意把珊瑚树敲碎了，还说：“别生气啊，我这就赔给你。”于是命人从家里搬来很多珊瑚树，高达三四尺的就有六七棵。

石王斗富的闹剧愈演愈烈，许多正直的大臣都看不下去了。尚书左丞傅咸上疏说：“奢汰之费，甚于天灾。”然而晋武帝根本不理睬，因为他自己就是穷奢极侈的带头人。结果晋武帝死后爆发了延续 16 年之久的“八王之乱”。石崇也在内乱中被政敌捕杀。走上刑场的时候，石崇忽然明白过来，说“奴辈利吾家财”，知道政敌是因为觊觎他的钱财而蓄意谋害他的。那些押送他的衙役问道：“既然知道财富害了你，为何不早把财产散了呢?”石崇无言以对。

再过16年，西晋也就灭亡了。

石崇身亡，西晋国灭的结局，正应验了老子的那句名言：“金玉满堂，莫之能守；富贵而骄，自遗其咎。”现在经济条件好了，有些公职人员就忘记了勤俭节约的光荣传统，以大吃大喝、行事铺张的低级趣味为人生的乐趣，处处讲“体面”，抽高价香烟，戴名牌手表。这是非常可怕的。领导干部应当时刻保持清醒的头脑，居安思危，自觉实践“以俭养德”，只有这样，才会不戚戚于贫贱，不汲汲于富贵，才能得到人民的信赖与尊重。这样的例子也史不绝书。司马光在《训俭示康》一文中讲了宰相张知白的故事。

张知白在宋仁宗天圣三年以工部尚书同中书门下平章事，成为了堂堂宰相，生活水平却如同以前当八品的河阳节度掌书记时一样。有亲近的人劝他说：“您现在的俸禄不少，可是生活却这样节俭。知道的人说您是真清廉，不知道的人却说您这是‘公孙弘盖布被子’，矫情作伪。您应该稍稍随从众人的习惯才好。”

张知白叹了口气，说：“我今天的俸禄这样多，就算全家穿绫罗绸缎，吃山珍海味，难道做不到吗？但是人之常情，由俭入奢易，由奢入俭难。我的官位能一辈子不变么？我能永远不死么？一旦有事，家人因为久于奢侈生活，已经习惯，不能立刻节俭起来，一定会因为挥霍净尽而饥寒无依。不如像现在这样，不管我做不做官，还在不在世，家人的生活都能一如往常。”

司马光评价张知白说：“大贤之深谋远虑，岂庸人所及哉！”而老一辈无产阶级革命家又超越了古人。他们始终坚守勤俭节约的美德，不仅仅是为了自身和家庭，更是为了国家与民族的兴旺。人民生活越是富裕，为官者就越要牢记“俭以养廉”的古训，秉承艰苦奋斗的优良传统，身先士卒，树立良好的榜样。

去奢与啬　俭须中礼

王者富民，霸者富士，仅存之国富大夫，亡国富筐箧，实府库。筐箧已富，府库已实，而百姓贫，夫是之谓上溢而下漏，入不可以守，出不可以战，则倾覆灭亡可立而待也。

——《荀子·君道》

说到节俭，就不能不反对奢侈。

人要生活，就必须吃饭穿衣。但是食分九等，衣分三色，要达到同样的温饱，花费却大不相同。

康熙年间，汤斌出任江苏巡抚，职重位显。但他不谋私利、不图享受，经常以豆腐下饭。老百姓给他起了个“豆腐汤”的雅号。一次，他查看账目，发现大儿子汤溥让仆人买了一只鸡，十分恼火，罚三十多岁的儿子当庭跪下，斥责道：“你以为苏州的鸡像河南那样便宜吗？要吃鸡你就回老家去。哪里有读书人不咬菜根而能自立的事情！”后来汤斌回京，升任礼部尚书。京城的冬季天寒地冻，为了抵御严寒，达官显贵都会穿名贵的皮裘御寒，而汤斌总是穿一件普通的老羊皮袄。时间一长，宫里的侍卫只要看到穿羊裘的老人，就知道是汤尚书来了。

历代倡廉的统治者，无不重视“去奢”。奢侈之风的盛行是导致贪污腐化与民风刁顽的催化剂，海瑞就认为，要让百姓“一归本业，必返纯真”的话，首先就应当禁止民间制造奢侈品。老子说：“不贵难得之货，使民不为盗；不见可欲，使民心不乱。”“贵难得之货”的风气，往往是人们经济地位不平等、社会利益分配不公的反映，是一种损不足以奉有余的体现。任何过分迷恋稀世珍宝的社会，势必会催生出一股虚华浮躁的奢侈之风，让世人滋生贪婪之心而“为盗”。再将这种“为盗”的贪婪之心移植到官场的话，就将滋育贪污腐化的温床。司马光的《涑水记闻》记载了这样一件事：

乾德二年，北宋平定了后蜀之后，后蜀的亡国之君孟昶到了开封，进献给赵匡胤一个精美绝伦的尿壶，上面装饰着七彩珠宝，华丽无比。赵匡胤看到这个精美的尿壶后，把它摔到地上，让侍卫把它砸碎，并声色俱厉地对孟昶说：“一个尿壶竟然如此奢华，那你用什么东西来贮藏食物！你如此骄奢淫逸，怎能不亡国！”

赵匡胤对两旁的大臣说：“人人都应记取这个教训，千万不要有奢靡的行为。”

那么，是不是少花钱就对了呢？这里还存在一个具体用度上的相对性，这就是要善于把握在“奢”与“啬”之间的适度原则。

所谓“啬”，就是过度节省的意思。“奢”无疑会伤廉，“啬”则是另一副典型的守财奴形象了。往往有这样的人，他们确实也对生活要求不高，又能节俭，但他们对钱财却有着令人吃惊的收藏癖，明代的亡国之君崇祯就是一位。

崇祯皇帝朱由检个人生活非常节俭，衣服破了也舍不得更换，以至于某日听讲官讲书时，他穿的内衣袖子破损不堪，露在外面很不雅观，只好不时把它塞进去遮掩。为节省国库开支，他下令大幅度地裁撤边防驿站，不少原来在驿站打工的人失去了工作，不得不铤而走险起义，其中就有李自成。

后来李自成挥师进逼北京，惊恐的崇祯皇帝召见各部官员，打算调关外的吴三桂部入关。大家一核算，这次调动需要军费一百万两，而国库的账上只有区区四十万两。大臣们恳求崇祯拿出自己的内帑以充军饷。拿自己的私房钱办公家的事，对一向抠门的崇祯来说，无异于剜他的心头肉。他向大臣们哭穷："内帑业已用尽。"实际上，等李自成攻破北京，从内库中搜得白银3000余万两，黄金150万两。

还有一种吝啬，是自己奢侈而对别人吝啬。有"史上第一大贪官"之称的和珅，家中蓄财白银上千万两，但是同时代的昭梿在《啸亭杂录》一书中记载："至于和相则赋性吝啬，出入金银，无不持筹握算，亲为称兑。宅中支费，皆由下官承办，不发私财，其家姬妾虽多，皆无赏给，日飧薄粥而已。"

还有东晋时候的王戎。史书记载他"性好利"，多置园田水碓，聚敛无已，富甲京城。据说王戎经常与夫人手执牙筹计算财产，日夜不辍。他家中有棵很好的李树，想拿李子去卖钱，又怕别人得到种子，就事先把李子的果核钻破。王戎的女儿出嫁时，和父亲借了数万钱，很久没有归还。女儿回来省亲时，王戎就没有好脸色，直到女儿把钱还清才高兴起来。王戎的侄子要成婚，王戎只送了一件单衣，完婚后又要了回来。这样的吝啬已经到了"变态"的地步。

那么，如何把握好"奢"与"啬"之间的度呢？对此，必须遵守"俭须中礼"的原则。孔子列举了大禹的例子来说明。孔子说："禹，吾无间然矣。菲饮食而致孝乎鬼神，恶衣服而致美乎黼冕，卑宫室而尽力乎沟洫。禹，吾无间然矣。"这是说，大禹平常饮食菲薄，身着破旧的衣服，但在举行祭祀时却尽心准备祭品，穿着华丽的"黼冕"；自己的宫室狭小简陋，而尽力修治沟渠水道。自己的生活要尽量简朴，但是职责所在的地方却不能怕花钱。

孔子的弟子冉求擅长理财。有一次，公西赤出使到齐国，冉求代公西赤的母亲向孔子要些小米。孔子说："给她六斗四升好了。"

冉求说："要不然多给一些?"

孔子说："那就再给她二斗四升。"

最后冉求却给了她八百斗。孔子说："公西赤这次到齐国去，乘肥马驾的车，穿轻暖的皮袍。我听说：君子周济穷困的人，不使富有的人更富有。"

后来冉求给权臣季氏作家臣，进行田赋改革，聚敛财富。季氏把持鲁国政权，比鲁国的始祖周公还富有，冉求不仅不能劝谏季氏，减低人民赋税，还替他搜刮。孔子气愤地说："他不是我的学生！大家都擂着鼓去骂他!"

但孔子不是对每个人都吝啬。原思当孔子的管家，孔子给他九百斗小米为俸禄。原思认为太多，不肯接受。孔子说："不要推辞了！如果有多余的，可以分给邻里的穷人啊!"

"周急不继富"，钱要花在能使社会安定，能提升人民幸福的地方，这就是孔子看待财富的原则。所以，公职人员在力行节俭的时候，应该遵循"中礼"的原则，以职责和人民的福祉作为基本出发点，以减少两极分化、共同富裕为最终目标。该花的钱要花，不该花的钱一分也不能花。否则，就会沦入"奢"或"啬"的错误极端之中，最后导致荀子所言"筐箧已富，府库已实，而百姓贫"的危险。

洁以闲耻　出泥不染

虽曰交际之常，于礼不废。试思仪文之具，此物何来？本都院既冰蘖盟心，各司道亦激扬同志，务期苞苴永杜，庶几风化日隆。

——（清）张伯行《禁止馈送檄》

与“廉”常用且相连的另一个字是“洁”。东汉著名学者王逸在《楚辞章句》中对“廉洁”二字注释说：“不受为廉，不污为洁。”换成现代语言就是，不接受他人的馈赠，叫做“廉”；不让自己的人品受到玷污，叫做“洁”。

道德首先是一种内心的信念。如果官员畏惧法律制裁而不敢贪赃枉法，这称不上是官德。只有从内心中就意识到清廉的好处，自觉地践行清廉，才是能够产生感召力的德行。

也就是说，拥有了清洁之心，才会有清廉之行。在中国古圣先贤的修身哲学中，人的外在行为往往是其内在心理的表现，即“诚于中，必形于外”。这种学说到了宋明心学一派的王阳明那里，发展成为“知行合一”论。在王阳明看来，心理活动和外在行为是不能相离的，知和行只是同一件事的两个方面，只是一个过程。在这个过程中，切实用力的方面叫做“行”，觉悟理解的方面叫做“知”，两者是不能分开的。因此，人要养廉，先得养心，即从修持清洁之心做起，然后才能在行为上做到“随心所欲而不逾矩”。

史载孟子携弟子周游列国过程中，有时对其所遇国君的馈赠坦然接受，有时却又婉言谢绝。有个叫陈臻的随行弟子对此大为疑惑，于是问孟子："以前在齐国的时候，齐王送给您黄金百镒，您不接受；到宋国的时候，宋王送给您七十镒，您却接受了；在薛地，薛君送给您五十镒，您也接受了。如果以前的不接受是正确的，那后来的接受便是错误的；如果后来的接受是正确的，那以前的不接受便是错误的。老师您总有一次做错了吧。"

孟子说："都是正确的。在宋国的时候，我准备远行，对远行的人理应送些盘缠。所以宋王说：'送您一些盘缠。'我怎么不接受呢？在薛地的时候，我听说路上有危险，需要戒备。薛君说：'听说您沿途需要戒备，我就送点钱给您买兵器吧。'我怎么能不接受呢？至于在齐国，齐王没有任何理由地送钱给我，这等于是用钱来收买我。哪里有君子可以拿钱收买的呢？"

所以是否接受馈赠，要看馈赠者有什么目的。如果是私底下"礼尚往来"，慷慨解囊，合法馈赠，那么收下也无妨，"取不伤廉"。若是馈赠者别有所图，就要一芥不取。而判断是否接受馈赠，需要公职人员有良好的道德修养。若是担心自己修养不足，内心还有"不洁"之处，那么还是谨慎小心，不取为好。

清廉不是让人当苦行僧。有了清洁之心，即使享受一下生活也无可厚非。比如西汉人王吉（又名王阳），官至博士谏议大夫，他的儿子王骏当过御史大夫，孙子王崇还封了侯爵。这祖孙三人都喜欢车马衣服，置办得极为漂亮。当时的人都很奇怪，这家人怎么会这么奢侈呢？其实《汉书·王吉传》说"自吉至崇，世名清廉"，不积蓄余财，搬家的时候只带一包衣服而已，辞官回家以后，就穿布衣、吃青菜，过普通人的生活。

还有个故事也能证明王吉的清廉并非浪得虚名。他在长安求学时，邻家枣树的枝叶伸到他家的院子中，王吉的妻子就随意摘了几颗枣子给他吃。事后，王吉得知枣子是偷摘邻居家的，便将妻子赶走。邻家听说后非常激动，执意要把枣树砍掉，后经街坊再三劝说才作罢。大家对王吉说："赶快把你的妻子叫回来吧！"后来大家都说"东家有树，王阳妇去，东家枣完，去妇复还"，留下一段佳话。天下人都佩服王吉的廉洁，又奇怪他的奢侈，于是纷纷传说：难道是王吉自己会做金子？

当官也是一种有合法报酬的工作，用合法收入满足业余爱好是合情合理的。但是这依然要有强大的道德戒律所支撑。有玩笑说："不怕领导讲原则，就怕领导没爱好。"有爱好，就难免有宵小之徒"投其所好"。若是心中不净，难免会懈怠其自身防腐杜贪的免疫力，自然容易被慢慢腐蚀。

世人都难免有贪欲，但人是理性的动物，懂得节制贪欲。作为公职人员，更要学会控制这种与生俱来的贪欲，用荀子的话说，就是"欲虽不可去，求可节也"。《淮南子》也奉劝世人说，若能"节欲己"的话，则"贪污之心，奚由生哉"？就好像人不能永远不吃糖，但是每天都必须刷牙，否则蛀牙自然会找上门来。

白居易当了三年杭州刺史，清廉自守，民声卓越。百姓还将西湖中的一堤命名为"白堤"以纪念他。他在游览天竺山的时候，捡了两块石头回家，后来细细思酌，发现自己做错了，当即写了一首诗自诫：

三年为刺史，饮冰复食蘖。
唯向天竺山，取得两片石。
此抵有千金，无乃伤清白。

若是内心完全洁净无瑕、无欲无求的人，可能都不会捡这两块无主的石头。这样的人毕竟是极少数。但为官者至少要能像白居易这样经常自省自诫。自己不严格要求而逐利贪腐，定然会上行下效，贪污腐化之风很快就会蔓延开来。

一旦内心领会了“贪则失廉”、“无欲故洁”的道理，一名官员即使身处“污浊恶世”，也依旧能自洁其心，保持心灵一尘不染。如历史上的包拯、海瑞，是真正洁身自好的廉士，他们虽然身处封建社会的腐败官场，却能尽力做到“常在河边走，就是不湿鞋”。这就是周敦颐所推崇的那种“出淤泥而不染，濯清涟而不妖”的“莲花”之精神。

廉者自安　知足常乐

罪莫大于可欲，祸莫大于不知足，咎莫大于欲得。故知足之足，常足。

——《老子·俭欲第四十六》

养廉的方法，除了简朴去奢、修持洁静之心外，还有一个很重要的心态修养，就是“知足”。

俗话说“知足常乐”，是说自足心与人生的快乐密不可分。老子认为，出自人类贪欲而来的不知足，正是天下祸乱的根源。君主“不知足”，必将征召百姓去打仗；而一旦百姓参与战争，自然就造成了人民生活的严重“不足”。人民生活“不足”，国家又怎么会“足”呢。只有“息心节欲”，才能维系国家的安定和谐。而“息心节欲”的关键就在于“知足”。君主若能“知足”，“虽有甲兵，无所陈之”，人民就能安居乐业，国家也因此富足，君主焉能“不足”？

在纪检司法机关打击贪污腐败的案例中，能总结出一种“59 岁现象”，是指极少数公职人员在临近 60 岁退休年龄的时候，受一种“有权不用，过期作废”的心理驱使，大肆贪贿而终至锒铛入狱，晚节不保。

造成“59岁现象”的不健康心态主要有四个方面：一是“有权不用，过期作废”的过时心态；二是“人走茶凉，朝不保夕”的顾后心态；三是“付出太多，得到太少”的失衡心态；四是“劳苦功高，理应享受”的补偿心态。造成这四种不健康心态的根本原因，还是知足心的泯灭，是因贪欲惯性所引发的不知足。

孔子曾说：“及其老也，血气既衰，戒之在得。”是说老年人要“戒贪”，要学会知足。《汉书》中记载，疏广与其侄疏受同朝为官，分别担任太子太傅和太子少傅。熟悉中国历史的人都知道，这两个官职非常重要：一旦太子登基为帝，大多会提拔这些曾经辅佐自己的人，将他们视为自己的心腹。

等到太子12岁的时候，疏广对疏受说：“我听说‘知足不辱，知止不殆’，‘功遂身退，天之道’。如今我们官位做到二千石，名声树立了，这样还不离职，恐怕要后悔的，还不如我们叔侄二人一起告老还乡，寿终正寝，不也很好吗?”疏受磕头说：“听从您的指教。”当日两人一起请了病假，假满后又说病加重了，上书请求辞官退休。皇帝考虑他们年纪很大了，全都准许退休，加赐黄金二十斤，皇太子赠送黄金五十斤。公卿大夫故友乡人在东都门外陈设帷帐，给他们饯行，送他们的车数有几百辆。叔侄二人告辞离去。道路两旁看到的人都说：“这二位大人真贤德啊!”有的为他们叹息哭泣。二人辞官回到家乡，将黄金遍赠乡里，安然终老。

和那些恋栈权位的“官迷”相比，疏广、疏受叔侄二人正是因其“知足”之心、“少私”之行，而在历史中写下光辉的一笔，被后人敬仰千年。

知足心的培养，需要人们有一番心性涵养的陶冶功夫。因为知足心正好与人天性中那种好利自私的贪欲心相互抵触，所以要做到知足，对一般人来说，可不是一件容易的事情。在心性上切实修炼知足心，其要领大致有三：一是自甘清贫，二是自安其心，三是自谋其乐。

清寒贫苦虽谈不上是一种美德，但又不失为一种衡量美德的生活态度。古语云“士穷见节义”、“家贫出孝子”就属此类。

范仲淹幼年时家里贫穷，他在南都书院读书时，天天煮两升米，做大一锅粥，等米粥冷却凝固后，用刀切成四块，早晚各拿两块，和一些腌菜吃。有个官员的儿子和他同学，看范仲淹生活清苦，就送他一些美味菜肴。可范仲淹没有吃，不久后食物全腐烂了。那个同学说：“家父听说你过得清苦，送来些吃的，可你为什么不吃呢?”范仲淹说：“我感谢令尊的好心，只是因为我吃粥吃久了，心里安定，你如今要我享用如此丰盛的饭菜，以后的日子里我怎么会平静安心得再吃下这些粥呢?”

对于身居要职的官员来说，清贫有时甚至是一种信仰。正是有甘于“断齑划粥”的自足之心，才有后来那个喊出“先天下之忧而忧，后天下之乐而乐”的政治家范仲淹。

修炼自己的知足心，除了应有自甘清贫的精神外，还要能自安其心，不为任何外界的利诱所动。如果把廉洁当成一种德行来理解的话，安廉守洁的心态就是一种自安其心的“知足”。孔子有个弟子子路，孔子说他“穿着破旧丝棉袍，与穿着狐貉皮袍的人站在一起也不感到羞耻”，又教导他“不忮不求，何用不臧?（不嫉妒、不贪求，不也很好吗?）”能做到“不忮不求”，自然能自安其心。

自足的最高境界是自谋其乐。像颜回，孔子赞誉他“一箪食，一瓢饮，在陋巷，人不堪其忧，回也不改其乐。贤哉回也!”中国历史上那些真正的廉吏清官，不仅能做到以洁明志，还能以廉为乐。正如孔子自况：“饭疏食，饮水，曲肱而枕之，乐亦在其中矣。不义而富且贵，于我如浮云。”而贪心不足之人，看似整日吃喝玩乐，高车美食，其实却未必能得到真正的快乐。明代科学家、“律圣”朱载堉曾做过一支曲子《十不足》，刻画了这些人的窘态：

逐日奔忙只为饥，才得有食又思衣。
置下绫罗身上穿，抬头又嫌房屋低。
盖下高楼并大厦，床前却少美貌妻。
娇妻美妾都娶下，又虑门前无马骑。
将钱买下高头马，马前马后少跟随。
家人招下数十个，有钱没势被人欺。
一铨铨到知县位，又说官小势位卑。
一攀攀到阁老位，每日思想到登基。
一日南面坐天下，又想神仙来下棋。
洞宾与他把棋下，又问哪是上天梯。
上天梯子未做下，阎王发牌鬼来催。
若非此人大限到，上到天梯还嫌低！

不知不足，除死方休！其结果必然是一生蝇营狗苟，难得安乐。

不管贫富，人们最终结果都要走向死亡，就没有必要去过分追求富裕而贪腐。作为现代国家的公职人员，更应该超越传统儒家的“乐道”思想，用现代精神和共产主义道德武装自己，体味修身养廉以自足自安的人生真谛。

艰苦奋斗　以身作则

不安于小成，然后足以成大器；不诱于小利，然后可以立远功。

——（明）方孝孺《赠林公辅序》

身为国家公职人员，担负着管理社会、服务民众的职责，更要带领人民群众发展经济，改善生活。因此对官员而言，“廉”的德行不仅仅指甘于清贫，无所苟取，更要艰苦奋斗，奋发图强。用老百姓的话来说：如果只要求“清廉”，那何必要“官”呢，不如摆个泥菩萨在那里，连饭钱都省了。

譬如陶渊明，由于政治昏暗、社会动荡、民族矛盾激化，使得他的理想与现实产生了极大的冲突，于是“不为五斗米折腰”，退出仕途，归隐田园。以德而论，确实称得上“廉士”。但这是私德而不是官德。论官德，要像有“天下廉吏第一”美誉的于成龙那样。

于成龙，字北溟，山西永宁州（今离石县）人，生于明万历四十四年，顺治十八年出仕，从知县做起，一路升任知州、知府、道员、按察使、布政使、巡抚和总督，加兵部尚书、大学士。因卓著政绩和廉洁刻苦，深得百姓爱戴。

于成龙少有大志，自幼依靠祖产过着耕读生活，生活还算富裕。45岁的时候，他却怀着“此行绝不以温饱为志，誓勿昧天理良心”的抱负，不顾亲朋的阻拦，抛妻别子，接受委任，到遥远蛮荒之地的广西罗城当县令。罗城地处山区，十分贫困，各种疾病流行。北方人到广西去上任，不仅路途遥远，而且难服水土，很少有能活着回来的。更何况罗城归于清政府管制只有两年时间，局势未稳，前两任知县一死一逃。然而于成龙以“古人义不辞难”自勉，变卖部分家产，凑了一百两盘缠，还是上任去了。临行，他将祖传田产文券交付长子于廷翼，并叮嘱道：“我做官不管你，你治家莫想我。”

于成龙到罗城后，才发现实际情况比想象的更为严重：整个县城遍地荒草，白天可听得见虎狼的叫声。城内只有居民六家，茅屋数间，县衙也只是三间破草房，连大门围墙都没有。百姓皆鸠形鹄面，无心生产。他只得寄居于关帝庙中，堆土石为几案，在房中支一口锅做饭。在困境中，同来的五名仆从或死或逃，而他以坚强的意志扶病理事，着手安定社会秩序，恢复地方经济。

于成龙采取“治乱世，用重典”的方法，首先在全城乡建立保甲，严惩缉获案犯，使经常扰害的“柳城西乡贼”再不敢犯境。在恢复社会治安的同时，他十分注意招募流民以恢复生产，常常深入田间访问农事，奖勤劝惰。农闲时带领百姓修民宅、建学校、筑城墙。对迁入新居的农家，还亲为题写楹联，以示鼓励。深得民心之后，他又以刚柔并用的斗争策略，解决了“数大姓负势不下”的问题，使一向桀骜不驯的地方豪强“皆奉法唯谨”。三年之间，就使罗城摆脱混乱，出现了百姓安居乐业的新气象。

于成龙不仅以官员的身份治理罗城，还尽量以人格力量感化百姓，与百姓建立起家人般的亲密关系。他生性好酒，办完公事，常常买些劣酒和百姓一起喝，有时整天也不戴帽子不穿鞋，来往于田间地头，因此，百姓觉得他非常平易近人，都恭敬地称他为“阿爷”。在于成龙的治理下，罗城渐渐富裕起来，而他清苦依旧。百姓见状心中不忍，常常给他送些日用的东西，他一概不受，说：“我只一个人在这里为官，哪里用得着这么多东西呢？可拿去供养你们的父母子弟，也和我接受了一样啊！”众人见他不收，都哭泣着不肯离去，于成龙也哭泣不已，但还是没有收下。

于成龙不仅受到百姓的爱戴，也受到上司的器重，以广西省唯一考评为“卓异”的成绩，升任四川合州知州。罗城百姓听到于成龙离去的消息，“遮道呼号，‘公今去，我侪无天矣！’追送数百里，哭而还”。

于成龙的官越做越大，生活却始终艰苦。在富裕的江南做总督，“日食粗粝一盂，粥糜一匙，侑以青菜，终年不知肉味”，被江南人民亲切地称作“于青菜”。两江是赋税重地，人文渊薮，日常政务繁剧。于成龙常常通宵达旦办公，公事之余便微服出访，了解民间疾苦，属吏操行。以至于一些鱼肉百姓的地方官吏遇见身材伟岸的白发老者便胆战心惊，以为是于成龙私访，不得不有所收敛。

正因为有于成龙这样崇尚艰苦奋斗的官员，清朝才能在康熙、乾隆年间出现一个“盛世”。而其后国家越来越富裕，苦干实干的官员越来越少，国家也开始走下坡路。

可以说，任何一个国家都是靠艰苦奋斗起家，也是靠艰苦奋斗、自强不息，才能发展壮大成就伟业。历史和现实告诉我们，艰苦奋斗精神是国家的立业之本、取胜之道，是真正的“镇国之宝”。对今天的公职人员来说，将要面对的不仅仅是物质条件上的考验，更多的是意志和精神上的砥砺，因此，每名领导干部都必须坚持发扬艰苦奋斗的优良作风。

有人说：既然强调“艰苦”，那我们何必“奋斗”呢？这是片面理解了艰苦奋斗的含义。艰苦奋斗的核心是在“奋斗”二字上，既是一种生活方式、生活作风，更是一种工作作风和精神状态。更何况与先进国家相比，我们目前还只是实现了初步富裕，所以，艰苦奋斗依然是我们的必然选择。

让我们借用雷锋同志的一句名言：“在工作上，要向积极性最高的同志看齐；在生活上，要向水平最低的同志看齐。”这就是“艰苦奋斗”最好也是最直接的体现。

第四章 Chapter 4

正

立身持正　刚强不阿

正直是官德的基石。人生在世，只有把自己这个“人”字写正了，才会有服众的底气和被尊敬的资格，真正做到“不诱于誉、不恐于诽”。为官从政，必须先打好正直高尚的道德根基。“格物、致和、诚意、正心”，然后才能谈得上“修身、齐家、治国、平天下”。

刚正不阿 不畏权贵

义之所在，不倾于权，不顾其利，举国而与之不为改视，重死持义而不桡，是士君子之勇也。

——《荀子·荣辱》

刚直不阿作为为官从政者的政治道德品质，历来备受人们的推崇。凡从政做官、办案理事，直道而行者，都被认为有节操、有骨气而被历代传颂。

光武帝时，京都洛阳是全国最难治理的地方。聚居在城内的皇亲国戚、功臣显贵常常纵容自家的子弟和奴仆横行街市，无恶不作。朝廷接连换了几任洛阳令，还是控制不住局面。最后，光武帝刘秀百般无奈，决定任命年已 69 岁的董宣做洛阳令。董宣到任后，遇到的第一件棘手的难题，就是处理湖阳公主的家奴行凶杀人的案件。

湖阳公主是光武帝刘秀的姐姐。这位公主仗着自己和皇帝的姐弟关系，豢养着一帮凶狠的家奴，在京城里作威作福，为非作歹，横行无忌。有一天，公主的家奴在街上杀了人，董宣立即下令逮捕他。可是，这个恶奴躲进湖阳公主的府第里不出来，抓捕他的人不敢进去。董宣听说公主的车要出来，就拦住了，当面杀了那个犯了死罪的仆人。公主认为董宣在她面前杀她的仆人，是在欺负她。于是向皇帝，也就是她的弟弟刘秀告状。刘秀很生气，把董宣叫来，要打死他。董宣也生气地说："皇上您很圣明，复兴了汉朝，但现在却放纵人杀人，这怎么能治理国家呢？我不用你打，我自己先死吧！"说着就用头撞柱子，撞得头流了血。

刘秀知道了事情真相，也就不杀他了，但让他给公主磕头，赔礼道歉。董宣就是不听，刘秀就让人按他的头。董宣双手撑地，挺着脖子。刘秀最后奖励了他，还给他加了个“强项令”的称号。

首先，刚直不阿作为领导干部应有的道德品质和人格修养，应体现为一种秉公办事的刚毅之气，体现为勇于坚持真理、实事求是的正直节操，体现为不为权力、地位和金钱诱惑所动的浩然正气。领导者刚直不阿，在其领导活动中，就走得正、站得直，公断是非曲直，有“舍得一身剐，敢把皇帝拉下马”的大无畏精神，有富贵不能淫，贫贱不能移、威武不能屈的英雄气概。

这就要求领导干部能够坚持实事求是、直达黑白，敢于说老实话、敢于坚持真理，不徇私情、不受贿赂、不搞权钱交易，对的坚持、错的改正、勇于主持正义，不为权力所左右、不为钱色所诱惑，堂堂正正做官，扎扎实实做事。

其次，领导干部刚直不阿的政治道德品格，也是最能赢得群众敬仰的人格根据。群众最鄙视那些明哲保身、曲意奉迎、溜须拍马、得过且过、没有骨气的人，最厌恶那些为谋取权势、地位而趋炎附势、低三下四、奴相十足、不讲廉耻、没有气节的人，最怨恨那些贪污受贿、颠倒黑白、指鹿为马、祸国殃民、坏了良心的人，最敬慕、尊仰那些刚直不阿、清正廉洁、公平正直、仁民爱物、具有高风亮节的人。

再次，领导干部具有刚直不阿的政治道德品质，是保证决策和决策执行过程正确性的道德根据。无数事实告诉我们，正确的决策，即从分析客观存在的事实中引出路线、方针、政策来，决策的正确贯彻，即创造性做好路线、方针、政策与当时、当地客观存在的事实相结合的文章，它不只是个工作方法问题，而重要的是思想道德问题。

北宋名相寇准秉公办事，不徇私情。不论在朝堂上下，还是对大官小官，只要有不对的地方，寇准都据理力争，决不退让。有时当着皇帝的面，寇准和其他大臣争论起来，连皇帝都无法制止。

淳化二年春天大旱，宋太宗召集群臣讨论，大家都说这是自然灾害，只有寇准大声道："大旱之证，盖刑有所不平也。"说大旱是由于刑罚不公造成的。宋太宗就问有什么不公的事情，寇准说："祖吉、王淮两人都因受贿犯法，祖吉得到的赃款少，却被杀了；而王淮因为是大臣王沔的弟弟，获赃甚巨，只受了杖刑，后官复原职，这难道公平吗?"宋太宗急忙进行调查，事实确实如此。于是，从重处理了王淮，褒奖了寇准。

不但是朝廷大臣，就是对皇帝，寇准也一样直言不讳，毫不客气，甚至要与皇帝论是非曲直。端拱二年的一天，寇准在大殿上奏事，言辞非常激烈，宋太宗听着非常生气，几次打断寇准的话，寇准就是不听。宋太宗大怒，起身离座向后走去。寇准却一步上前，拉住宋太宗的衣角，不让皇帝走，硬把宋太宗拽回座位，自己坚持把话说完。当时，殿上的大臣都以为寇准这次要吃苦头了，全天下谁敢在皇帝生气的时候，拉着龙袍不让走，那是犯上的大罪。没想到宋太宗坐下以后，头脑冷静了许多，听完寇准的话，不但没生气，反而大加表扬。

此后，宋太宗对寇准更加信任和重用，深有感触地把寇准和唐太宗时著名的"诤臣"魏征相比，说："朕得寇准，犹文皇之得魏征也。"这是当时对大臣的最高赞赏了。

领导干部在决策和决策执行过程中，能否坚持实事求是，能否敢于实事求是，能否做到实事求是，实质上是个政治道德问题。政治道德有问题，是造成决策失误、失偏和决策执行过程中扭曲变形甚至实际结果变味的一个重要的原田。具有刚直不阿的道德人格的领导干部，就要敢于实事求是，敢于坚持真理。

人格独立　矢志不移

权利不能倾也，群众不能移也，天下不能荡也。生乎由是，死乎由是，夫是之谓德操。

——《荀子·劝学》

为官者要使自己内心刚正，关键是要做到人格独立。对于手握权力的官员来说，首先是做一个合格的人。一个人格独立、明辨是非的人。倘若没有健全的心理素质，没有清醒独立的精神，没有富有感召力的人格魅力，权力就会滥用，就会滋生腐败。人格决定了一个人的发展方向。人格的高下，也决定了官德的走向，决定了权力的指向。只有人格独立的人，才不会被权力腐化，被权力压服。

从古至今，因为人格不能独立，处理不好政务和各种关系而落为庸官、贪官，最后身败名裂的例子可谓俯拾皆是。比如，刘禅一直是仰赖父亲刘备和丞相诸葛亮，没有自己独立的人格，一旦失国就乐不思蜀；和珅只知媚上欺下，堕落成清朝的第一贪官。他们的共同之处都是从个人私利出发，奴颜婢膝。从古至今，因为人格独立妥善处珲各种矛盾而成为清官、贤臣、良史的也大有人在。比如魏征敢在太宗面前忠谏直言，寇准敢在皇帝面前说真话。在政治斗争中可以有不同的观点、派别，但是不能丢人格。

北宋著名改革家王安石被称为“拗相公”，形容他为人刚直，不为他人所动。反对变法的大臣曾强加给王安石一个罪名，叫作“三不足”即“天变不足畏、人言不足恤、祖宗不足法”。在反对变法的人看来，王安石简直就是一个大逆不道的乱臣贼子。宋神宗曾当面问过王安石："闻有三不足之说，卿曾说过这样的话吗?"

王安石从容地说道："臣没有说过这样的话。"但是，他却欣然接受反对派们强加给他的话。他向宋神宗解释说："古人以为，天灾地震之类，都是上天发怒的象征，并把这些灾异和君主的行为联系起来，臣对此确实不以为然。臣以为，天地运行，自有其规律，日食月蚀，都是自然现象，和皇帝的行为没有什么关系。我说的这些，我知道陛下不一定会同意，天地之道，玄虚难测，不谈也罢。但是，流俗之言不足惧，却是不易之理。流俗之人，不学无术，看问题只从自身出发，不能统观全局看得长远，所以对一件事，会有多种看法。做大事者，认准了一件事，就一定要独持己见，等事情做过了，成败才能显现出来。如果什么人的话都听，左右动摇，永无成功那一天。至于祖宗之法不足守，则固当如此。仁宗皇帝号称守成，在位四十年，也屡次修订成法，何况陛下这样的大有作为之君呢?"

王安石变法因为种种原因失败了，但是即使反对他政见的人，也不得不钦佩他的人格。有一段时间，司马光与王安石同在群牧司任判官，当时的群牧使正是包拯。一次群牧司衙门里的牡丹花盛开，包拯置酒赏花。司马光不喜饮酒，但是在长官劝酒时，还是勉强喝了几杯。王安石也不喜饮酒，但不管包拯如何劝，他始终滴酒不沾。

反对变法的司马光、苏东坡等人同样也是正直无私。司马光只反对王安石的政策，反倒说"介甫文章节义，过人处甚多"。王安石去世后，卧病在床的司马光更建议朝廷说："介甫无他，但执拗耳！赠恤之典，宜厚大哉。"苏东坡则不但在王安石落难之后写诗给他，说"从公已觉十年迟"，而且在代宋哲宗所拟的敕书中，高度评价自己的这位政敌，说正因为天意要托付"非常之大事"，才产生王安石这样的"希世之异人"，并称他"名高一时，学贯千载，智足以达其道，辩足以行其言；

瑰玮之文，足以藻饰万物；卓绝之行，足以风动四方。”

自然有正直之人就会有偏狭小人，比如王安石的得力干将吕惠卿就是其中之一。吕惠卿是王安石着力培养提拔的人，变法伊始就在“制置三司条例司”担任实际工作。但吕惠卿为了自己能够大权独揽，居然在王安石遇到麻烦时落井下石，诬陷王安石参与谋反，连反对变法的“旧党”都认为这是不可能的事情。这样的行为丧失人格，自然为人所不齿。

具有独立人格的人不会为自己的利益去做驾驭他人的事，不以自己的意志去束缚任何人，虽然以自我为中心，但却能尊重他人的思想和意志。《列子》中说：“智之所贵，存我为贵；力之所贱，侵物为贱。”这句话正是古人对独立人格精神最生动的描述。以自己的存在为存在，同时又能尊重他人的存在。在与他人的交往中保持自身的独立性，并以个体的独立价值参与社会活动。

官员人际关系错综复杂，诱惑多多，矛盾重重。作为社会的公务人员，他代表并为之服务、负责的是广大公众；作为行政机构的工作人员，他要服从领导，管理下属；作为家庭成员，则要为人子女，为人父母，尽孝养育。这三层关系由远及近，涉及了整个社会系统。关系复杂，矛盾自然不会单纯。但无论是官民关系、上下级关系还是亲属关系，对应的不外是公与私、权与责的矛盾。是一心为民还是私而忘公？是直言不讳还是欺上瞒下？是秉公办事，还是任人唯亲？置身这些错综复杂的矛盾中，官员的人格独立显得尤为重要。如何不被表象所蒙蔽，不为私利所诱惑，不为谗言所左右，关键是要不依附，不攀缘，头脑清醒，善于思考，明辨是非，时时保持着人格独立。

浩气凛然　刚正无邪

其为气也，至大至刚，以直养而无害，则塞于天地之间。其为气也，配义与道；无是，馁也。

——《孟子·公孙丑》

古人认为，正气是一种充塞天地之间的至大至刚之气，体现于人则为浩然的气概、刚正的气节。中华民族历经沧桑，饱受磨难。艰苦的环境和严酷的斗争，养育和造就了中国人民自强、自尊、自信的精神和坚忍不拔、百折不挠、锐意进取、奋发有为的浩然正气。

文天祥是南宋末年民族英雄，官到右丞相兼枢密史。朝廷派他到元军的军营中谈判，被扣留，后脱险经高邮嵇庄到泰县塘湾，由南通南归，坚持抗元。祥光元年兵败被俘虏，在狱中坚持斗争三年多。受俘期间，元世祖以高官厚禄劝降，文天祥宁死不屈，从容赴义。他在狱中留下一篇千古传颂的《正气歌》。《正气歌》中提到的段秀实，就是一位浩然刚正的人物。

段秀实是唐代名将，安史之乱时，授泾州刺史，封爵张掖郡王。当时郭子仪的儿子郭晞仗侍其父的权势，放纵士兵在郴州胡作非为。郴州是节度使白孝德管辖的地方，他是郭子仪的部下，不敢过问这件事。这事本来同段秀实没关系，但是，他却主动找到白孝德，请求派他去担任军队中的执法都虞侯，以便制服郭晞部下的不法行为。白孝德爽快地答应了他的请求。不久，郭晞部下的士兵上街捣毁了一家酒家的酒器，杀死了酿酒的技工。段秀实知道后，立即下令逮捕了这些士兵，并将他们斩首示众。百姓见后，无不拍手称快。

但是，这一下却捅了蚂蜂窝。郭晞军中士兵大为震动，悉数披上铠甲，杀气腾腾，企图向段秀实报复。段秀实从容不迫，要亲去郭晞营中处理此事。白孝德不放心，要派数十名士兵护卫他前去。他尽请辞去，解下佩刀，只选了一个既老且跛的士卒随他同行。至郭晞营前，披甲执锐的士兵涌出。段秀实见状，笑着说："杀一老卒，何须这么多甲兵？我带着我的头来了。"众士兵见状，皆谔然。接着，他让士兵请郭晞出来说话。段秀实说："副元帅功勋盖世，当善始善终。今天，阁下却放纵手下，恣意作恶。这样做，势必引起混乱，影响国家安定。皇上追究下来，将罪及副元帅。乱皆起因于阁下。人们会说，阁下依仗副元帅，不守法。这样，令尊大人的一世英名将毁于一旦，恐祸将至。"

话音未落，郭晞立刻向段秀实拱手致谢。说道："幸亏您及时赐教，恩甚大。我愿听先生的。"随即，他喝令士兵"解甲归营，有敢乱来者死。"段秀实为了考验他，留下来吃饭，过夜。郭晞怕出意外，一直陪在段的身边。次日晨，二人到白孝德处，郭晞向孝德谢罪，郴州从此无祸。

德宗建中元年，段秀实自泾原节度使被召入京，任司农卿。他告诫自己的家属路经歧州时，朱泚如果送财物，千万不要收下。后来过歧州，岐州尹朱泚硬要送三百匹大绫，段秀实的女婿因无法拒绝便收下了。段秀实知道后，将这些绫堆放在司农寺办公大厅的房梁上。唐德宗建中四年，朱泚反叛朝廷，占据长安，强迫段秀实出来做官。段秀实在议事时，大骂朱泚为狂贼，用像笏猛击其额头，血流污面，被杀害。他死后，司农寺的官吏把他拒受绫的事告诉朱泚，朱泚将大厅房梁上的绫取下一看，原先包装的标记都在，三百匹大绫原封未动。朝野赞叹："自古殁身以卫社稷者，无有如秀实之贤。"

段秀实这种不畏强暴，敢于同恶势力斗争的凛然正气激励着后人，努力追求光明，维护社会公平与正义。

风气，有浩然正气，也有歪风邪气，是人们在政治和社会生活中表现出来的一种稳定的，具有道德意义的，在社会上得到普遍认可的行为倾向，它普遍渗透于人们的意识中，是推动或阻碍社会进步的巨大力量。社会风气的好坏从根本上取决于社会制度的好坏，也取决于统治集团的表率作用。领导干部坚持弘扬正气，压倒邪气，就能对整个社会风气起到导向作用。

官德中的正气，既吸收了民族传统的精华，又赋予了新时代的内容，在宏观上表现为讲理想，比奉献，团结向上，微观上表现为严于律己，求真务实，廉政奉公，勤政为民。对各级领导干部提出的“讲正气”的要求，具有十分重要的现实意义和深远的历史意义，其具体的内涵主要有：一是要严于律己，切实做到自重、自省、自警、自励；二是要有为党的理想和目标而努力奋斗的精神；三要有强烈的国家观念、民族观念和爱国主义精神；四是要有崇高的思想境界和朝气蓬勃的精神状态；五要提倡和发扬艰苦奋斗的作风；六要有坚持真理，坚持原则，敢于同一切歪风邪气做斗争的勇气。

讲正气和反邪气是一个问题的两个方面。正气与邪气之间是一种此消彼长的关系。正气不足，邪气就会上升；邪气横行，正气就难以发扬。“浩然正气”是从实践中养成的，不是高谈阔论“讲”出来的。领导干部必须转变作风，不搞形式主义，不搞花架子，扎扎实实地做好工作，把呼唤正气，变为身体力行，弘扬正气，踏踏实实地培养正气，荡涤邪气，伸张正气。

舍生取义　避事为耻

以苟活为羞，以避事为耻。

——（清）曾国藩《治心经·诚心》

责任心是为政之德的基本要求。责任是一种义务，一种使命。由责任而产生的完成使命、履行职责的精神力量，是推动发展的动力。无论是对领导干部本人、对社会、对国家和民族，任何时候都不可或缺。实践证明，官员有没有强烈的事业心和责任感，能不能忠于职守、尽职尽责地做好每一项工作，直接关系到广大人民群众的切身利益。为官者要尽职尽责，就要有舍生取义的精神：应该做的事，顶着压力也要干；必须负的责，迎着风险也要担。不愿担责任，就不该当官；不敢担责任，就不配当官；不会担责任，就不能当官。

杨涟是明代晚期著名大臣。泰昌皇帝逝世后，李选侍居乾清宫挟太子欲把持朝政。他说服朝臣，挺身而出，闯进乾清宫，拥太子即位，并逼李选侍移出乾清宫，安定了朝局。然而，这位在杨涟等正直朝臣舍命扶持下才得以登基的天启皇帝，并没有革除万历朝弊政，相反却是变本加厉，更加荒淫奢靡，昏庸无能。宦官魏忠贤和皇帝的乳母客氏相勾结，在宫中独揽大权，肆意为虐。那些邪恶派的官吏也纷纷投靠魏忠贤，结成“阉党”，打击和排斥东林党人。杨涟怀着满腔的悲愤，决心挺身而出，讨伐魏忠贤。

杨涟在奏疏中列举了魏忠贤的二十四条罪状，指出魏忠贤专权的恶果是“致掖廷之中，但知有忠贤，不知有陛下；都城之内，亦但知有忠贤，不知有陛下”。请求皇帝“大奋雷霆，集文武勋戚，敕刑部严讯，以正国法”。魏忠贤闻疏后惊恐万状，慌忙跑到皇帝面前哭诉其冤。皇帝真假难辨，反而温言抚慰魏忠贤，“严旨切责”杨涟。自此以后，魏忠贤对杨涟恨之入骨，矫旨责杨涟“大不敬”、“无人臣礼”。将杨涟革职为民。

第二年，魏忠贤指使“阉党”大理丞徐大化弹劾杨涟、左光斗“党同伐异，招权纳贿”，借“汪文言之狱”谋害杨涟等人。锦衣卫北镇抚司指挥许显纯在魏忠贤的授意下对汪文言严刑逼供，要他诬陷杨涟受贿。汪文言宁死不屈，仰天大呼道：“世岂有贪赃杨大洪哉。”许显纯无计可施，只好自己捏造供状，诬陷杨涟、左光斗曾受辽东经略熊廷弼贿赂。魏忠贤立即遣锦衣卫缇骑前去逮捕杨涟等人来京审讯。杨涟被下镇抚司诏狱审讯。许显纯将锦衣卫的诸多酷刑一一用于杨涟，折磨得他遍体鳞伤，气息奄奄。后来提审时杨涟被折磨得无法坐立，许显纯便让打手给杨涟带上桎梏，拖他到堂上躺在地下受审。杨涟仍不屈服，在狱中写下《绝笔》，继续陈述“移宫案”的真相，痛斥魏忠贤紊乱朝纲，最后被残忍杀害。

从一般意义上讲，领导干部责任意识强不强，能不能履行好职责、高质量干好本职工作，其原因是多方面的。个人私心杂念作祟是领导干部责任意识缺失的主观原因。责任心是一个人的人生观、价值观、世界观的综合体现，是一种心灵的内化、一种心理的自觉。没有党性或党性不纯对事业是不可能有强烈责任心的。少数领导干部责任心不强，说到底是个人私心杂念在作祟。一怕丢面子。讲责任，就要动真格、来实的，就要讲原则不讲面子。那种存有私心杂念的人，往往患得患失，是难以下定决心坚持原则，履行好职责的。二怕得罪人。讲责任必然要肯定一些人，批评一些人，甚至批评自己。一些领导干部批评上级，怕得罪领导；批评同级，怕陷入孤立；批评下级，怕丢选票。一句话，前怕狼后怕虎，对职责范围内的事该抓的不敢抓，该管的不敢管。归根结底，还是害怕自己的既得利益受损，而把国家和人民的事业放到一边。

然而，历史上除了杨涟这样的“忠烈之臣”，更有许多人管国家的“闲事”管到了“不怕死”的程度。比如清代吸取明代宦官专权的教训，明确规定“太监不得言国事”，然而清末偏偏出了一个不怕死的“烈宦”寇连材。

寇连材因为生活贫困，进宫做了太监。他聪明能干，精细谨慎，配派到慈禧身边服役。在中日甲午战争中，清军连连败绩，慈禧卑躬屈膝，与日本政府签订了丧权辱国的《马关条约》。强烈的爱国心，驱使着寇连材下定决心，向慈禧进谏。

一天早上，他跪在慈禧的床前，痛哭涕泣。在慈禧被哭声惊醒，怒容满面，厉颜喝问：“哭的是哪门子的丧?”寇连材流着泪说：“国家已如此危险，老佛爷即使不替祖宗打算，也该为自己想想，怎么还忍心玩耍，不怕发生变乱呢?”慈禧以为他在胡言乱语，一顿臭骂，将他赶了出去。

口谏不成，寇连材下决心书谏。他把早已写好的奏折交给慈禧太后，字字饱蘸血泪，条条切中时弊，充满忧国忧民之情，都是当时许多人决不敢说的话，寇连材居然写进奏折，直接送给慈禧，可见他抱定了一死的决心。慈禧看过奏折，暴跳如雷，把寇连材抓来审问。慈禧起先怀疑奏折是寇连材受别人指使写的。寇连材光明磊落地说是自己写的，与别人无关。慈禧还不相信，叫他口述一遍。寇连材开口直言，果然从头至尾地说得一字不差。慈禧没有想到寇连材会写出这样一个指责自己的折子，不禁怒火中烧，以“内监言事者斩”的朝例，加上“私通宫外，泄露宫内事”的罪名，下令把寇连材送交刑部，立即正法。

临刑前，寇连材神色镇静，坦然地说：“如此足千古了！”围观的群众无不为寇连材爱国忧民、舍生就义的壮烈行动所感动。

“为官避事平生耻”，尤其是在关键时刻、危机关头、重大考验面前。当面临生与死、公与私的抉择时，也就是体现官员党性道德的关键时刻。在这样的关键时刻，亲临一线、靠前指挥，敢抓敢管、敢于负责，凸显一个领导干部的坚定信念，是领导干部义不容辞的责任；当组织上交给繁重任务的时候，勇于担当，高质量、高效率地完成，不拈轻怕重、敷衍塞责，就是官德的真实体现。

清浊难容　不与合污

清越而瑕不自掩，洁白而物莫能污。

——（唐）刘禹锡《明贽论》

有的官员受传统观念的影响，怀有程度不同的从众心理，对腐败现象也具有一定的“容忍度”。有的干部认为腐败是一种社会现象，大家都见怪不怪，只好“随波逐流”；有的干部提起腐败现象深恶痛绝，但个人遇到具体问题时，总是千方百计找熟人、托关系，客观上助推了不正之风和腐败现象。因此，各级官员必须克服这种“从众心理”。

回顾贪官走向堕落的历程，“随大流”的现象普遍存在，而这其中又有“主动”者与“被动”者之分。“主动”者认为“别人收的钱更多都没有事，我收这么一点肯定也没问题”，在这种自我麻醉、互相比较中，放弃了心理防御，心安理得地与行贿者打成了一片，建立了“和谐”的同盟关系。“被动”者则是奉行中庸之道，认为“水至清则无鱼”，大家都贪污你没贪污就是故作“清高”，不“同流合污”，就不能与大家搞好“团结”，得不到同事的信任，受不到领导的器重，在这种从众心理作用下，相互监督成了相互照应。

尤其是在封建专制社会，如果不去“同流合污”，就会慢慢受到排挤。清朝人李爵被任命为福建将乐县令，上任之前他对家里人立下了规矩：“只要我在官位上，那么俸金以外都是赃，你们不可以有丝毫巧取，影响我的名声。”当官的能有这样的认知，非常了不起。对赃款赃物的认定，自古以来就是个棘手问题，李爵单刀直入切中了要害。在他眼里，不存在什么“财产来历不明”这种说法。“俸金以外都是赃”，明明白白。这种认知的落脚点是“名声”。官府院里有两株桂花树，花苞刚开放，李爵就打预防针了，说：“这也是官家的东西，擅自采折桂花的人必受惩治。”一家人谁也不敢戴桂花。有一次执行公务路过一片橘林，随从仆人摘了个橘子，还没揣进口袋就被李爵发现了，斥责说：“岂能容从你开始破坏我的规矩。”把仆人打了一顿，命他赔偿橘子钱。

没有规矩不成方圆，李爵对违规者的打击是很有力度，非常坚决的。不过此“规矩”不是朝廷和上级部门颁发的“红头文件”，纯属李爵的个人行为，只能在他的权力范围内生效。在吏治败坏、贪污成风的专制体制下，李爵的同僚可没有这个觉悟。与之相反，他们的规矩是俸金以外能捞尽量多捞。只有捞得多了，才能美酒佳肴妻妾成群享受生活，才能广置良田屋宇造福子孙。李爵的上司就是这样的“捞派”人物，经常巧立名目向下属索要馈赠。给多了眉开眼笑，给少了脸色难看，不给则在公务活动中吹毛求疵。李爵是决不会给上司送礼的，“俸金以外都是赃”，送礼就是送赃，自污又污人。可惜这仅是李爵的一厢情愿，于是上下级关系紧张。无奈之下，李爵只得选择离开，辞职回乡躬耕田园了。

不和贪墨之徒同流合污，洁身自保，气节可嘉，难能可贵。但这也是贪官们所愿意看到的结果，眼中钉终于自动消失了，可以为所欲为了。那么有没有强项之人，像钉子钉在那里就是不走，而且还要猛刺对方一下呢？有的。明朝杨继宗，到嘉兴任知府，从不贪钱。嘉兴是富饶之地，上级官员路过，常常索要钱物，折腾得官衙难以招架。杨继宗到任后，只送当地出产的菱角芡实，外加一本历书。有个朝中大员收到礼物后很不高兴，竟然差遣随从到府衙厚着脸皮索要真金白银。杨继宗冷笑说，要钱可以呀。当即签发文牒，派人取来库金，说库金在这里，你想要尽管拿，不过要留下收据。国库的钱就是皇上的钱，谁敢从皇上那里抢食吃？这一钉子刺中了朝中大员的七寸，他虽然恨得牙痒痒的，却动弹不得。后来杨继宗升职为湖广按察使，上任伊始，第一件事就是大扫除，派人取来清水，把官衙内外洗涮得干干净净。一番清洗之后，他对属吏说："我要以此除掉污秽。"此话一语双关，直刺刚离去的前任。此公贪婪肥私，把官衙变成藏污纳垢之所。清浊不相容，杨继宗这么夸张地用清水明志，不乏戏剧性，如若胸无凛然正气，则不敢为也。

要克服官员的这种"从众"心理，有效遏制职务犯罪的发生，在规范、监督权力的同时，更需要从防止官员心理演变上下功夫。首先要对官员加强心理预防，从加强官员的宗旨意识入手，帮助他们树立正确的人生观、价值观，戒除他们的"攀比"心理，帮助他们保持心态平和，防止他们产生病态的心理。同时，也要加强警示教育，引导官员正确地看待社会腐败现象，帮助他们学会算风险账和危害账，认清楚贪腐行为并非社会"主流"的现实。其次要加大"官风"整治力度，俗话说"近朱者赤，近墨者黑"，环境对一个人的影响重大。只有对贪腐行为保持"零容忍"的态度，对腐败露头就打，对"窝案"及时、坚决地进行清理，才能营造起风清气正的良好从政环境，从根本上消除"从众"心态滋生的土壤。

破除陋习　不随大流

众恶之，必察焉；众好之，必察焉。

——《论语·卫灵公》

官员为政，既要深入基层为民办事，也要带头移风易俗、破除陋习，营造风清气正的社会环境。尤其是国情决定民众知识水平不平衡，封建迷信活动时有发生的情况下，领导干部更要做好教育工作，不能听之任之，甚至自己也参与其中。

战国时期，魏王派西门豹去管理邺这个地方。到了那里，西门豹看到田地荒芜，人烟稀少，就找了位老大爷来，问他是怎么回事。

老大爷说："这都是给河伯娶媳妇闹的。河伯是漳河的神，每年要娶一个年轻漂亮的姑娘。要不给他送去，漳河就要发大水，把田地全淹了。"

西门豹问："这话是谁说的？"

老大爷说："巫婆说的。地方上的官绅每年出面给河伯办喜事，硬逼着老百姓出钱。他们每闹一次都要收几百万钱，只花二三十万办喜事，剩下的就跟巫婆分了。"

西门豹问："新娘是哪儿来的？"

老大爷说："哪家有漂亮的女孩儿，巫婆就带着人到哪家去选。有钱的人家花点儿钱就过去了，没钱的只好眼睁着看着女孩儿被他们拉走。到了河伯娶媳妇那天，他们在漳河边上放一条苇席，把女孩儿打扮一番，让她坐到苇席上，顺水飘去。苇席先还是浮着的，到了河中心，就连女孩儿一起沉下去了。所以有女孩子的人家都逃到外地去了，这里人口越来越少，也越来越穷。”

西门豹问：“那么漳河发过大水没有呢？”

老大爷说：“没有发过。倒是夏天雨水少，年年闹旱灾。”

西门豹说：“这样说来，河伯还真灵啊。下一回他娶媳妇，告诉我一声，我也去送送新娘。”

到了河伯娶媳妇的日子，漳河边上站满了老百姓。西门豹真的带着卫士来了，巫婆和当地的官绅急忙迎接。那巫婆已经七十多岁了，她背后还跟着十来个穿着绸褂的女徒弟。

西门豹说：“把新娘领来让我看看。”巫婆叫徒弟把那个打扮好的姑娘领了来。西门豹一看，女孩子满脸泪水。他回过头来对巫婆说：“不行，这个姑娘不漂亮，河伯不会满意的。麻烦巫婆去跟河伯说一声，说我要为另外选个漂亮的，过几天就送去。”说完，他叫卫士抱起巫婆，把她投进了漳河。巫婆在河里扑腾了几下就沉了下去了。等了一会儿，西门豹对官绅的头子说：“巫婆怎么还不回来，麻烦你去催一催吧。”说完，又叫卫士把那个人投进了漳河。

西门豹面对着漳河站了很久。那些官绅都提心吊胆，连气也不敢出。西门豹回过头来看着他们说：“怎么还不回来，请你们都去催催吧！”说着又要叫卫士把他们扔下漳河去。这些官绅一个个吓得面如土色，跪下来磕头求饶，把头都磕破了，直淌血。西门豹说：“好吧，再等一会儿。”过了一会儿，他才说：“起来吧。看样子是河伯把他们留下了。你们都回去吧。”老百姓明白了，巫婆和官绅都是骗钱害人的。从此，谁也不再提给河伯娶媳妇了，漳河也没有发过大水。

西门豹发动老百姓开凿了十二条渠道，把漳河的水引到田里。庄稼得到了灌溉，每年的收成都很好。

百姓参与封建迷信活动，其根源就在于生活不稳定，就业、医疗、社会保障事业不完善。官员的作用就在于服务社会、发展经济，人民生活水平提高了，社会风气自然会好转。

周世宗柴荣为政英明练达，果敢敏捷，言谈开明伟岸。下令废除没有敕赐寺额的寺院3万余所，大批僧侣还俗。他下令禁止私度僧尼。这是一次大规模的灭佛运动，增加了后周的劳动力。还没收了寺院大批土地。周世宗下诏悉毁天下铜佛像以铸钱，他规定：“民间铜器、佛像，五十日内，悉令输官，给其值；过期隐匿不输，五斤以上其罪死。”是时中国乏钱，乃诏悉毁天下铜佛像以铸钱，有利于商品交换和经济发展。周世宗对侍臣：“卿辈勿以毁佛为疑。夫佛以善道化人，苟志于善，斯奉佛矣。彼铜像岂所谓佛邪！且吾闻佛志在利人，虽头目犹舍以布施，若朕身可以济民，亦非所惜也。”

迎来送往、大操大办这些不良社会风气的端正，都有赖于领导干部以身作则。当然，经济发展了，另一种不良风气也会抬头。当前，在有些干部中也存在盲目随大流现象，看到有些城市盖起了高楼大厦，于是也开始了大规模的城市拆建，甚至在高度上比你更上一层楼；看到别人搞绿化建设搞出了成绩，于是不顾当地实际，开展种树运动，打造园林城市；看到人家旅游搞得好，就头脑发热，盲目开发，跟风投资，发展旅游经济。当然，学习别人的成功经验为我所用，有时能起到事半功倍的效果，的确也有成功的例子，但无论干什么事，前提是要充分调研，多方论证，切忌盲目随大流。

官员盲目随“大流”，一方面道出了有些干部急功近利，为了个人升迁不顾地方实际，什么出成绩就干什么，什么受益快就发展什么，只着眼当前，不考虑长远；另一方面说明了有些领导干部创新意识不强，发展思路不清晰，缺乏工作主见，懒于动脑子想问题。破除干部盲目随大流的思维惯性，需要加强干部学习培训，积极倡导独立思考、敢于创新的意识，树立正确的政绩观和价值观，多做打基础利长远的惠民之事，少攀比劳民伤财的政绩工程。

接受监督　闻过则喜

闻人之谤当自修，闻人之誉当自惧。

——（明）胡居仁《居业录·学问》

大凡创业之时，容易做到胸怀坦荡，因为只有敞开心扉，坦诚相待，才能招贤纳士，共谋大业，但掌权之后则就未必了。比如刘邦，在夺得天下之前，还有足够的胸怀，许多反对过他的人，他都能容忍。但称帝后，地位、形势变了，他的心胸狭隘了许多，听不进不同的声音，常常猜疑忌恨，处心积虑要消灭那些与他一起打天下的诸侯王，于是韩信、卢绾、彭越、英布，这一大群功臣，几年之间，都加以谋逆之罪，几乎斩尽杀绝。

所以，手握权力的领导干部一定要敢于面对批评，自觉接受监督，这样才能蓄足做人的底气，永葆进取的朝气，涵养工作的灵气，彰显处世的大气。

孙叔敖是春秋时期楚国杰出的政治家。他出任楚国令尹时，全国很多官吏和百姓都来祝贺他。孙叔敖十分高兴，不禁有些得意洋洋。这时有一个老人，穿着麻布制的丧衣，戴着白色的丧帽，竟然说是前来吊丧。孙叔敖大吃一惊，整理好衣帽出来接见了这位老人，他对老人说："楚王了解我的才能，才让我担任宰相这样的高官，人们都来祝贺，只有您来吊丧，莫不是有什么话要指教吧？"

老人说："是有话说。当了大官，对人骄傲，百姓就要离开他；职位高，又大权独揽，国君就会厌恶他；俸禄优厚，却不满足，祸患就可能加到他身上。”

孙叔敖听了这话，向老人拜了两拜，说：“我诚恳地接受您的指教，还想听听您其余的意见。”老人说：“地位越高，态度越谦虚；官职越大，处事越小心谨慎；俸禄已很丰厚，就不应索取身外财物。您严格地遵守这三条，就能够把楚国治理好。”

孙叔敖回答说：“您说得很对，我牢牢记住！”

后来，孙叔敖尽心辅佐楚庄王，施教导民，宽刑缓政，发展经济，政绩赫然。他还主持兴修水利工程，改善了农业生产条件，增强了国力。楚国也因此进入了一个全盛时期。由于他行政、治军有功，楚庄王多次对他封赏，孙叔敖都坚辞不受。为官多年，他的家中却没有积蓄。孙叔敖的出色表现也使他成为了历史名人，很显然这都是因为他虚心接受了那位老人的批评建议。

在价值取向多元、利益诉求多样、资讯信息发达的当下，领导干部的一言一行都备受关注，容易被人议论。如果一个单位风气不正，民主渠道堵塞，则批评指责难免。换个角度看，群众的批评议论虽有一定的表面性、盲从性，但也间接地缓冲了干群矛盾、减少了不和谐因素，更提醒各级领导干部要从群众的批评议论中躬身自问，不断改进领导方式和工作方法。领导干部的活动具有公共性，被人关注和议论是很自然的事情，倾听民意、集中民智亦为职责所在。如果批评之声多起来了，领导干部不妨从领导理念、领导方式、工作绩效、群众感受和幸福指数等角度，静下心来逐一分析，查找不足，改进工作。即使批评议论与事实不符，也要认真做好澄清真相、引导民意的工作。如果罔顾群众批评议论，听到一点批评议论就火冒三丈，甚至片面认为是群众与自己过不去，只会蒙蔽心智，错判形势，造成更大的被动和失误。实践证明，领导干部越是从善如流，越能培养大气、正气；越是兼听批评议论，越能涵养品性、完善自我。

邹忌是战国时齐国大臣，以鼓琴游说齐威王，被任命为相国。一次他拜见齐威王，给齐威王讲了个故事。邹忌说：“一天早晨的时候我起身穿衣，问妻子说：‘我和城北徐公相比，谁更美呢?’妻子说：‘您十分美丽，徐公怎么能比得上您呢?’我想徐公是齐国有名的美男子，我不相信自己比徐公美，又问妾：‘我和城北徐公相比，谁更美呢?’妾说：‘徐公怎么能比得上您呢?’第二天来了个客人，我与他坐谈，问客人：‘我和徐公谁美呢?’客人说：‘徐公比不上您美。’后来徐公来我家，我仔细观察徐公，认为自己比不上徐公美。晚上躺在床上休息时我想这件事，终于想明白了：‘我的妻子赞美我，是因为她偏爱我；妾赞美我，是因为她害怕我；客人赞美我，是因为他有求于我。’现在齐国土地方圆千里，有一百二十座城。宫中的姬妾和身边的近臣都偏爱大王，朝廷中的大臣都害怕大王，全国之内的百姓都有求于大王。由此看来，恐怕大王受到的蒙蔽很深。”

齐威王说：“好。”于是就下达命令：“众多的大臣官吏百姓能够当面批评我的过错，给予上等的奖赏；上书劝谏我的人，给予中等的奖赏；能够在众人集聚的公共场所指责议论我，并传到我的耳朵里的人，给予下等的奖赏。”命令刚下达时，众多的大臣们都来进谏，朝廷的门口和庭院像集市一样热闹；几个月之后，偶尔还有人进谏；满一年之后，即使有人想要说些什么，也没有什么可以进谏的了。燕、赵、韩、魏四国听说了这件事，都到齐国来朝见齐威王。齐威王就这样身居朝廷，不必用兵，战胜了敌国。

舆论的监督，是推动社会发展进步不可或缺的重要力量。舆论监督可能会让官员感到紧张，但因此而变得更加小心谨慎用权、更加依法科学决策、更加尊重民情民意，客观上是对领导干部的一种提醒、一种保护。如果对舆论监督无动于衷、不以为然，不做解释、反省、道歉、改进的工作，只会把自己推到群众、社会的对立面甚至风口浪尖上，当思之戒之。

改过迁善　有错不诿

夫过者，自大贤所不免，然不害其卒为大贤者，为其能改也。故不贵于无过，而贵于能改过。

——（明）王守仁《教条示龙场诸生》

人非圣贤，孰能无错？但并不是人人都能认错、改错。普通人认错难，有光环笼罩的官员认错就更难。但也正是这一点考验出一个人的品格和德行。

春秋时，晋灵公滥杀无辜，臣下士季进谏并要他改正。灵公表示："我知错了，一定要改。"士季高兴地说："过而能改，善莫大焉。"然而遗憾的是，晋灵公并未实现诺言，自己也被刺杀。与之相反的是楚庄王。楚庄王刚登基时，迷恋酒色，日夜在宫中饮酒取乐，后来臣下用"三年不鸣，一鸣惊人"的故事来启发他，并以死相劝。他终于决心改正错误，认真处理朝政，立志图强；楚国也终于强大起来，成为"春秋五霸"之一。

改错是需要勇气的，非正直之人很难主动承认错误，改正错误。战国时，廉颇是赵国有名的良将，他战功赫赫，被拜为上卿。后来，蔺相如因为"完璧归赵"有功，又在渑池秦王与赵王相会的时候维护了赵王的尊严，因此也被提升为上卿，且位在廉颇之上。廉颇对此不服，扬言说："我要是见了他，一定要羞辱他一番。"蔺相如知道后，就有意不与廉颇会面。

别人以为蔺相如害怕廉颇，廉颇为此很得意。可是蔺相如却说：

“我哪里会怕廉将军？不过，现在秦国倒是有点怕我们赵国，这主要是因为有廉将军和我两个人在。如果我跟他互相攻击，那只能对秦国有益。我之所以避开廉将军，是以国事为重，把私人的恩怨丢一边儿了！”

这话传到了廉颇耳朵里，廉颇十分感动，便光着上身，背负荆杖，来到蔺相如家请罪。他羞愧地对蔺相如说：“我真是一个糊涂人，想不到你能这样地宽宏大量！”

廉颇以近乎自辱的方式承认自己的错误，勇于改过，其心地正直坦荡，千百年来传为美谈。

官员代表人民行使国家权力，管理国家事务，也可能出错。出了错要改错，这是天经地义的。要改错，首先要承认错误。只有承认错误、认识错误，改正错误才有基础。不认错，不等于错误会自然消失。知道错了，不公开承认错误，悄悄地改正错误，也还算是好官。知道错了，还不想认错，也不想改错，采取某些所谓的“补救措施”，比如掩盖事实、推卸责任、颠倒是非，这都不是正直之人应有的做法。

清朝康熙年间著名的清官郭琇，为国为民，廉洁清正，勤勉干练，善断疑案，在地方任职期间，“治行为江南最”，很受好评。他不计私利，弹劾权奸，在“势焰熏灼、辉赫万里”的权臣面前毫无惧色，被称为“铁面御史”。可谁知道就是这样一个清官，居然也曾经一度贪黩。《啸亭杂录·卷四·汤文正》中记录：“郭总宪琇时任吴江令，以贪黩闻，公檄至省，教以贞廉。郭曰：‘琇所以贪酷者，以供前任某抚军之欲故也。今公既以清廉自矢，请宽一月之期，如声名犹若昔，请公立置典刑可也。’归自洗其堂庑，曰：‘前令郭琇已死，今来者又一郭琇也。’其政治为之一变。”

郭琇走上贪渎之路，源于其上司余国柱是个大贪官。郭琇认为：“如果我不能填他的贪壑，就得丢官，丢官就不能替老百姓做事了。”或许这是郭琇的托词，但旧官场在贪官的手下，要么跟着去贪，要么就辞官回家，很难有两全之策，也是一种残酷的现实。

郭琇走上清廉之路，源于他后来遇到的上司汤斌。汤斌的清廉在当时是很有些名气的。在这样的清官表率劝约之下，郭琇走上了一条他本来应该走的道路。看来高级官员的以身作则，确实非常重要。

郭琇现象的启示意义在于它让我们看到一个在特定环境中陷于贪墨的官员，若在外部环境发生变化时，勇于悔过自新，洗心革面，就能重新走上正确的人生轨道。一个人在人生路上，特别是在一些特殊的环境中，是可能在各种诱惑、胁迫下难以自持，走上错误道路的。可当外部环境发生变化时，能否及时抓住机会，拯救自己，在这个关头上却是可以看出一个人的禀赋和本性的。郭琇的可贵之处就在于他能及时抓住机会，幡然改过，改恶从善，走上他本来应该走的人生之路。

郭琇现象的启示意义还在于，它让我们看到了一个曾经有过错的官员，只要走上正确的人生之路，同样是可以有所作为的，也同样会为社会所接受的。郭琇从曾经陷于贪墨，到成为当时闻名的清官，首先当然取决于他自己的正确选择。假如当汤斌向他伸出拯救之手时，他不以为然，认为汤斌是官场“傻子”，不愿跟着“上当”；或者认为世界上像他这样的官员多了去，何必拿他说事，不感激汤斌，反倒怨恨汤斌；或者自以为能把自己的劣迹遮掩周全，担心“坦白从严”，不愿意接受这个机会，那么，史上或许就少了一个有名的清官廉吏了。

犯了错并不可怕，可怕的是错了还极力掩盖，逃避责任，这是懦夫行为，普通人都不屑如此，何况政府官员？各级官员一定要打开胸襟，拿出气量，知错就改。知耻而后勇，只有知道自己错了，才会更好地改正错误，服务人民，善用手中人民赋予的权力。

任用正直　贬斥奸佞

举直错诸枉，则民服。举枉错诸直，则民不服。

——《论语·为政》

领导干部自身正直，就要任用正直，贬斥奸佞。“才”与“德”之辨是历来用人的两个标准，“德才兼备”是领导干部用人的基本标准。如果德才不能兼备，那么就更要注重人才“德”的属性。至少公德无亏，才能提拔任用，否则，提拔他的领导干部就违反了用人的基本原则。

诸葛亮曾经说：“亲贤臣，远小人，此先汉所以兴隆也；亲小人，远贤臣，此后汉所以倾颓也。”历史无时无刻不在证实这一论断的准确。

管仲重病的时候，齐桓公问他：“大臣中还有谁可以接替你为丞相呀?”管仲说：“了解臣下为人，没有人比君主更清楚的了。”桓公问：“易牙如何?”管仲回答说：“杀掉孩子来讨好君主的人，是不符合人情的，不可以呀!”齐桓公又问：“那么开方怎么样呢?”管仲忧虑地回答：“开方背弃亲人来讨好君主，也不合人情，不可以呀!”齐桓公不甘心又问：“竖刁这个人怎么样呀?”管仲一听更着急了：“竖刁阉割自己来讨好君主，更不合人情，不可以呀!”管仲死后，骄傲自满的齐桓公没有听从管仲的话，反而重用了这三个人。可是这些他认为可以亲近的人，后来又是如何待他的呢？管仲去世后两年，齐桓公重病，他的五个儿子为了争夺王位，各率党羽互相攻打对方，齐国一片混乱。瘫痪在床的齐桓公被竖刁、易牙和开方禁闭在寝殿里。他们不给他饭吃，也不给他水喝，并在周围筑起几丈高的高墙，以防止别人探视。就这样，堂堂一代霸主竟然被活活饿死。当新立的国君把他收殓时，齐桓公的尸体在地上已经躺了两个月，蛆虫已把遗体咬得面目全非。

如果说齐桓公的错误更多地是损害了自身的话，那么唐玄宗李隆基的错误则毁灭了整个帝国。唐玄宗两次兵变后巩固了皇权，但大大地伤了朝廷元气，吏治的混乱、腐败也亟待治理。为此，他大刀阔斧，选贤拔能，任用了姚崇、宋璟、张九龄等名垂千古的贤相，经过一系列改革、发展、稳定措施，唐朝的政治、经济、文化得到空前发展，边关稳定，万国来朝，开创了中国历史上强盛繁荣的“开元盛世”。有了这点政绩后，唐玄宗开始自满了，沉溺于声色犬马。张九龄等先后被罢官，李林甫、杨国忠掌权后，政治黑暗、经济衰退，导致安史之乱，唐朝迅速从全盛走向没落。

当然，有时候迫不得已，要利用德行稍差之人的才干，那就要同时任用正直者去影响、压制他。这首先要求领导干部自己行得端，坐得正。正直贤能的干部唯事业为重，为了国家和集体利益，宁愿牺牲自己的利益。他们不会为了一点蝇头小利而挖空心思，斤斤计较，患得患失，更不会为了一己之私而出卖自己的灵魂。他们在工作中默默耕耘，无私奉献，用自己的言行举止，用自己的人格魅力带动人、影响人，催人向上，使人奋发，让风正气顺。

近朱者赤，近墨者黑，人性中没有绝对的善与恶，只不过人性善与恶、美与丑等各种因素在不同的环境作用下都会有不同的释放。孔子说过：“举直错诸枉，能使枉者直。”意思是说，把正直的人提拔起来，使他们的地位在邪曲的人之上，就能使邪曲的人正直起来。所以，选人用人，决不能让老实人吃亏。

所谓老实人，不是那些庸庸碌碌、无能无为的人，而是踏踏实实干事、兢兢业业工作的人。一些投机钻营者不重品行，为了个人私利和宦途升迁捞资本、做虚功、拉关系、搞奉迎，把心思和精力都用在“造势”和“谋官”上。这种人多了，不仅于事业发展无利，而且会严重涣散干部队伍。有些地方和部门在选拔任用干部时，提名权、任用权、考评权依然大多掌握在少数领导手中，因此，千方百计逢迎、讨好掌握这些权力的领导，成为可以提拔重用的捷径。与那些脚踏实地干工作、正直做人的人比较，那些善于投机钻营，讨领导欢心、得领导赏识的人往往更容易获得晋升机会，被提拔重用。而那些不主动巴结领导的人，不管工作如何出色，群众口碑多么好，可能根本就无法进入选人用人者的视野。因此，形成正确的用人导向，引导各级干部扑下身子、埋头苦干，求真务实、狠抓落实，积极创造经得起实践检验、人民检验和历史检验的政绩，才能推动国家社会不断发展。

不让老实人吃亏，关键在于各级领导者要把选人用人的眼光更多地投向那些在艰苦环境和岗位上做出政绩的干部。这些人注重埋头做事，不善声张“造势”，辛苦和业绩往往不易广为人知；他们清正自守，不好拉拉扯扯、吃吃喝喝，往往“人脉”不广；他们不跑不送，不找不要，不善奉迎，往往引不起别人的关注。这些干部专注干事不会来事，讲原则不懂圆滑，往往还会得罪人。对于这样的老实人，各级领导者更有责任慧眼识金，积极地发现他们，主动关心他们，旗帜鲜明地支持他们，大张旗鼓地宣传他们，让广大干部群众熟悉他们、了解他们。

不让老实人吃亏，根本在于形成科学的用人机制。要进一步健全干部考核体系和评价机制，客观公正地看待干部，科学准确地识别干部，保证那些扎扎实实为群众干实事、真心实意为群众谋利益的优秀干部能够进入组织选拔的视野。要改进民主推荐工作，搞好民意调查工作，积极扩大群众参与，使那些一心干事、实绩突出的老实人能够推荐得上来。要切实按照德才兼备、注重实绩、群众公认的原则选人用人，大力选拔那些埋头做事、清正廉洁的优秀干部，在干部队伍中形成老实人受尊敬、受重用的良好导向。

第五章
Chapter 5

勤

鞠躬尽瘁　勤勉务实

勤勉是官德的保障。“人而不勤，万事俱废”。自古勤政者，大都以勤苦自励，念念于民事。官员要把停滞不前和自甘落后作为最大耻辱，大兴干事创业之风。勤而成事，勤而理政，要求领导干部提高服务效能、服务质量，使人民满意。

勤于政务　夙夜在公

王用勤政，万国以虔。

——（晋）成公绥《贤明颂》

勤政，简言之就是恪尽职守，勤勉工作，勤于政务之意。为政在勤，勤为政之要，政为勤之体，两者紧密联系，不可分离。从一定意义上说，勤政是为官的根本职责和道德义务所在。为官的职责就是要积极、妥善地处理好各种各样的政务活动。如果不勤勉工作，不及时地处置这些政务活动，行政工作则会陷入停滞状态，从而影响社会管理和百姓正常生活。从历史上看，勤政不仅为历史上各朝代的统治者所推崇，为中国传统儒家思想所肯定，同时亦为百姓广为赞颂。

自古以来，勤政就被视为居官为政必须具备的道德品质之一，是对为官者提出的一项最基本的职责要求。早在春秋时期，孔子就对为政者提出勤勉为公、不厌倦懈怠的要求。《论语》中记载，子张问为政之要，孔子说："居之无倦，行之以忠。"勤政作为为官之德，不仅具备了极强的道德感染力，它还是一种施政的手段和方式，在行政活动中亦起到了十分重要的示范和推动作用。在我国步入社会转型和经济发展的新时期，突出和加强公务人员的勤政建设，对于提升领导干部的整体官德水平更是具有十分重要的意义与作用。

宋朝人真德秀从"勤"、"政"的关系入手，指出"勤"对于从政为官的重要作用及其意义。他说："莅事以勤。当官者一日不勤，下必有受其弊者。古之圣贤，犹且日昃不食，坐以待旦，况其馀手？今之世有勤于吏事者，反以鄙俗目之，而诗酒游宴，则谓之风流娴雅，此政之所以多疵，民之所以受害也。不可不戒!”他在《渝州县官僚》中又指出：“为士者不可以不勤，况为命吏，所受者朝廷爵位，所享者下民之脂膏。一或不勤，则职业隳弛，岂不上孤朝寄，而下负民望乎。”在他看来，勤政是为官的本分，也是居官为政的职责所在。勤政的作用在于使民不受弊害，为政无疵或少疵，从而起到上不负国家、下不负百姓的作用。因此，对为官者来说，必须要勤勉工作，避免庸政、懒政等不正之风。

元代的徐元瑞对勤政的解释更为详细，他说：“谓早入晏出，奉公忘私，虽休勿休，恪勤匪懈；呈押文字，法遣公事，务为敏速，耻犯稽迟；躬操笔砚，不仰小吏，手阅簿书，不辞劳役。”他认为官员做到勤政首先从时间上看，要做到早入晏出。比如唐朝的裴耀卿，白天断讼案件，晚上还要批阅公文。为了警醒自己勤勉工作，就饲养了一只雀，每夜至初更时有声，至五更则急鸣，裴耀卿将它称之为“知更雀”。在裴耀卿的厅堂前面还有一颗梧桐树，到早上的时候，有群鸟飞聚树上，齐声鸣叫，裴耀卿将其称之为“报晓鸟”。由于裴耀卿恪尽职守，勤于政务，从而留下了官德美谈。

其次是从职业操守上看，勤政体现为一种敬业之心，恪尽职守，公而忘私。三是在具体工作中，要不畏艰辛，任劳任怨，勤奋而不懈怠。四是事必躬亲，不将职责范围内的工作交与下级替办。五是体现在工作效果上，工作不拖沓、延误，敏速而有效率。只有为官者恪尽职守、勤勉工作，勤于政事，才能真正造福于民。

清朝的雍正皇帝是中国历史上最勤政的君主之一。他刚一登基，即罢鹰犬之贡，表示自己不事游猎。他的勤政精神、理财成效、治国业绩，在中国古代帝王中堪称楷模。

雍正勤于政事，白天几乎无一刻清闲，上朝研究政事，聆听大臣面奏，商讨各种建议，处理突发事件。晚间批阅奏章，每天都要工作到深夜，睡眠时间常不足4个小时。一年之中，只有生日那天他才会休息。他在位12年8个月，共处置各种题本192000余件，亲自朱批41600多件奏折，有的批语竟有1000多字，比奏折本身内容还要多。他在奏折中所写下的批语字数达1000多万字。他曾说："各省文武官员之奏折，一日之间，尝至二三十件，多或至五六十件不等，皆朕亲自览阅批发，从无留滞，无一人赞襄于左右。"雍正把他批阅过的奏折选择一部分编成《雍正朱批谕旨》，装订的线装本足有半米厚，收录奏折7000余件，这是一代勤勉之王勤于政务的真实记录。

雍正所做出的改革举措比其父亲康熙在位61年所做出的改革还要多。他在不到13年的时间里，以财政经济为中心推行了一系列大刀阔斧的改革：一是实行"耗羡归公"，建立"养廉银"制度；二是"摊丁入亩，地丁合一"，解放了社会生产力；三是清理国家财政钱粮亏空，以铁的手腕把侵吞的库银收回来；四是建立"会考府"，审核钱粮奏销；五是开放洋禁，发展海外贸易；六是"改土归流"，进行民族区域的地方行政改革；七是废除贱籍、酷刑，实行社会改革；八是创立军机处，加快改革步伐。康熙晚年国库中仅有家底700万两银，堂堂大清帝国，竟是一副空架子。经过雍正励精图治，骤增到5000万两，这正是雍正"振数百年之颓风"，整饬吏治的成果。

雍正皇帝勤于政务，勇于改革，大力清除康熙统治后期的各种积弊，取得了卓著成效。同时，雍正还为文武百官树立起"公忠诚勤，实心任事"的楷模。他所赏识的几位重臣，田文镜、鄂尔泰、李卫等，都是以直言不讳、据实办事而得到特殊信任和格外擢用的。此外，雍正还有许多值得称道的政绩，如惩治贪污、解放贱民、平定罗卜藏丹津叛乱、派遣驻藏大臣等，为中国的统一与发展做出了积极的贡献。

封建时代的开明官吏尚且能够以"勤"自勉，新时期的国家公职人员更应该有这样的境界。由于时代与社会境况的不同，勤政的词义发展到今天，尽管已赋予了很多新的涵义，但“勤政”作为考察官德和官员执政能力的重要条件之一，却一直没有发生改变。

为政在勤　百事不怠

其居此官，即欲尽其职；其行此事，即欲尽其心。

——（明）宋纁《古今药石·理学名臣官行录》

古人云：“勤者，政之所要。”为政在勤，政不勤则百事怠。勤政既是为官的职责所在，亦是官德的内在要求。如何做才能符合道德的内在要求，方可称为勤政呢？中国古代的思想家、政治家们提出了许多见解。

其一，要树立勤政为民的思想。清代李文耕认为：“官不勤则事废，民受其害。教化本于身，能对百姓，然后可以教百姓。”官民关系是政治生活中的主要关系，也是官德建设的关键。中国自古就有“民为本”、“民为贵”的“仁政”主张，这对缓解统治阶级与劳动人民之间的矛盾，促进社会发展起到了一定的作用。

清代诗文大家顾光旭曾任宁夏知府。他常深入村镇，访贫问苦，兴修水利，踏勘工地。他还亲至“银川书院”，为学子授课，注重培育人才。经过一段时间后，一向贫困的固原地区，居然出现了“农歌于野，士乐于庠”的大好局面。一次，顾光旭率下属官员数人去固原山区访问百姓，检查兴修水利、开山挖渠的计划时，天气突变，狂风大作，大雨如注，引发山洪暴发，洪水包围附近几个山村。当地居民闻知知府被困时，都奋不顾身游向顾光旭被困的山头，用小船将人员、行李，护送至安全区，可见官民关系之亲。

但是，随着现代民主政治的发展，“爱民如子”、“为民做主”等基于人格不平等的道德主张日显苍白，须以“甘为公仆”、“为人民服务”的现代思想取而代之。

在社会主义条件下，官民关系发生了根本性的变化，官民在利益上实现了根本性的一致，“为人民服务”的理念理应成为官德的核心。为人民服务是社会主义道德的集中表现，是我国政治道德价值选择的基础和灵魂，关系到官德建设的性质和方向。为民是官德的价值支点，也是勤政、廉政建设的根本出发点，那些勤而谋私，勤而无功，碌碌无为的贪官、庸官和昏官，最终都为人们所不齿。

其二，要专心政务，身心俱勤，使事无积滞。从某种意义上说，从政为官亦是一种职业。为官的本职工作就是要管理和处理各种行政事务，使事无积滞。

周公辅佐成王的时候非常尽心。传说他每天宵衣旰夜食、起早贪黑处理政务。他在洗头的时候，有人前来报告事情，他马上把头发挽起来，先处理事情。这样，他洗一次头发中间就要中断好几次，叫“一沐三握发”。吃饭的时候也办公，刚扒了一口饭想咽下去，又有重要的事情要他处理了，他急忙把要咽下去的饭吐出来，先处理事情。这样他吃一顿饭也要被打断好几次，叫“一饭三吐哺”。周公是有历史记载治理国家最尽心的人之一。他忠心耿耿，没有一点私心杂念，成了中国历史上勤政的代表。

从某种意义上说，人的时间和精力都是有限的，作为官员亦如此。官场上的庶事甚多，如送往迎来、游乐宴会等等。如果沉溺其中，就很难有时间和精力处理好政务。明代大臣吕坤说：“仕途上只应酬无益，人事功夫占了八分，更有甚精力、时候修正经职业？我尝自喜行三种方便，甚于彼我有益。不面谒人，省其疲于应接；不轻寄书，省其困于裁答；不乞求人看顾，省其难于区处。”

晚清名臣曾国藩认为“身心俱勤”方为勤，他在《劝诫委员四条》中说：“勤之道有五：一曰身勤。险远之境，屈身经验之；艰苦之境，身亲尝之。二曰眼勤。遇一人必详细察看，接一文必反复审阅。三曰手勤。易弃之物，随号收拾；易忘之事，随笔记载。四曰口勤。待同僚，则互相规劝；待下属，则再三训导。五曰心勤。精诚所至，金石亦开；苦累所积，鬼神亦通。五者皆到，无不尽之职。”因此，勤政就是要做到屏除杂念、远离庶务，专心政事，并使事无积滞。

其三，要勤而有“实”，避免表面文章。勤政从本意上看，它指的是勤于政事，勤勉工作。勤政的出发点和目的是为公和为民，而不是为了谋私利。勤政要求官员身体力行，身心俱勤，讲的不仅仅是行为上的“勤”和工作过程中的“勤”，还要体现在工作效果上。

官员工作要讲实绩和效率，避免工作华而不实、好大喜功、急功近利和搞形式主义。在现实工作中，确实有不少官员从早忙到晚，从形式上看，不可谓不“勤”，但可惜是他们并没有忙于实际政务；也有的领导干部，虽然显得没有前者那么忙，但行事成竹在胸，运筹帷幄，事半功倍，亦不可谓不“勤”。

事实上，从古到今，大凡有作为的官员无不以“勤”当头，以“勤”字为先。只有勤奋，工作才不会懈怠；只有勤奋，工作水平和能力才会不断提高；只有勤奋，我们领导干部才能深得民心，赢得百姓的支持和拥护。反之，如果官居其位，不思进取，不谋其政，工作就会停滞不前。久而久之，就会形成庸政、懒政、昏政和滥政的局面，不仅有失官德，严重的还可能构成渎职之罪。

勤勉履职　不做庸官

庸庸之君不能知贤。

——（东汉）王充《论衡·答佞》

对于为官者来说，手中的权力是人民赋予的，口袋里的工资来自百姓的纳税，理所当然应该担任好公仆管家的角色，行使好手中的权力，勤勉工作，恪尽职守。如果说政绩是显示勤政的外在标准，那么责任感就是勤政观念的内在核心。责任感是官德之魂。一个官员有没有责任感，是否忠实地履行义务，是决定其有无政绩或政绩大小的主要因素，是衡量其道德水平高低的内在尺度。

“要完成任何伟大的事业，都必须有吃苦耐劳的精神，都必须有意识地把较为艰苦和困难的工作担当起来。”为官者如果想的只是如何利用手中权力来谋取私利，或者只是为了“混一混”，根本就没有心系人民、心忧天下的情怀，那就不可能有政绩，也不会干好任何一件事。没有责任感的人，本身就不具备担任公职的条件。

古代有些昏庸的官员，或尸位素餐，毫无建树；或行为猥琐，为人不齿。俗话说“金杯银杯不如老百姓的口碑”，百姓给这样的庸官起了恰如其分的绰号，让他们“名垂千古”。

“三旨相公”王珪是史上最有名的庸官之一。王珪在官场干了16年，“无所建明，率道谀将顺”，用今天的话说，他是一个从不动脑筋想问题的人，每天的工作就说三句话：上朝面见皇帝说“取圣旨”，皇帝有了指示后说“领圣旨”，退朝后对僚属传达“已得圣旨”。因而被人讥讽为“三旨相公”。

能够与“三旨相公”并称的是“万岁阁老”万安。明朝的万安是个什么事也不会干，只会喊万岁的人。一次，疏于朝政的成化皇帝因为天上出了彗星，“天变可畏”，好不容易召见了两位大学士。安排此事的万安怕时间长了皇帝心烦，还没等两位大学士说上两句，就“顿首呼万岁”，两位大臣不得不跟着他退出来。当时人们就讥笑万安“止知呼万岁耳”。

更有官员不仅无所作为，简直连工作道德也不讲。唐文宗时，有个翰林学士名叫裴颜祺。当时翰林院规定，太阳光照到甬道第五块砖时就要准时上班。而这位裴颜祺性情懒惰，总是等到日光照到第八块砖时才慢吞吞地来上班，时称“八砖学士”。

明末李自成进军北京，崇祯皇帝上吊自尽。不久，福王朱由崧称帝于南京，建立小朝廷。后来清军大举进攻南京，形势危如累卵。而新上任的皇帝朱由崧却不以国事为重，大敌当前之际，竟命人搜捕蛤蟆来玩，时称“蛤蟆天子”。无独有偶，执掌朝政的大学士马士英在此危难关头，每天也以斗蟋蟀为乐，时人称之“蟋蟀相公”。有惫懒君臣如此，明朝岂能不亡？

有人认为当官其实很轻松，有权有势也很风光。也有些干部故意夸大官场的阴暗面，从消极方面悟出所谓的“官经政道”，认为工作政绩并不重要，“干得越多就错得越多”，“干得好不如干得巧”，“只要上班点个卯，就算工作干得好”，“领导说你行就行，不行也行；领导说你不行就不行，行也不行”。他们认为为官的政绩不是靠实干，主要靠领导赏识和舆论造势，所以都没有把精力、情感都放在工作上，反之用在了跑官、要官、投机钻营和谋私利上面，对百姓疾苦不闻不问，一有问题就相互推卸责任。

清末官场有一句做官的诀窍——“多磕头，少说话”，这是道光年间大学士曹振镛的“名言”。

曹振镛27岁考取进士，嘉庆朝时得到重用，任吏部尚书、体仁阁大学士，兼管工部，进入内阁；到了道光朝，他再升一级，任武英殿大学士，成为道光的心腹之臣，甚至曾代理皇帝事务三个月。他的仕途如一马平川，步步高升，年届80岁才退休，当官长达52年，清代官宦岁月之长几乎无人能超过曹振镛。门生赖拿派向他请教如何平步青云，他说：“无它，但多磕头、少说话耳!”时人讥其“庸碌”。

曹振镛还是个大滑头，以“不求有功，但求无过”为宗旨，做官从不自作聪明，更不愿负责任。某日道光皇帝考试翰林，出一道题谁也不解。连题都看不懂怎么作答？于是，道光皇帝怒斥翰林不学无术，又问曹振镛，你懂不懂？曹振镛仔细看了几遍，表示也不懂。实际上，他是装不懂，不愿得罪众翰林。其实就曹振镛本人而言多有政绩，但是他的“多磕头，少说话”被许多官员奉为圭臬，画虎不成反类犬，也为清末政治衰败埋下了伏笔。

责任感直接体现了官员的职业良心。良心是对履行社会义务的强烈责任感和自我评价能力。职业良心是人自己对职业责任的自觉意识，能够依据自己履行责任的道德要求，对工作的动机进行自我检查，对工作活动和过程进行监督，对工作成果进行评价。做了有利于人民的事，内心得到满足和欣慰；为官一任，一事无成，甚至是“败家子”，就会表现出内疚、惭愧和悔恨，从而毅然发奋。

然而，有些官员是缺乏职业良心的。宋徽宗时期的宰相李邦彦，行为放荡，喜欢写一些不堪入目的淫词艳曲，自号“李流子”。他官居高位，竟不理政事，只知一味享乐，自称理想为“赏尽天下花，踢尽天下球，做尽天下官”。百姓都称呼他为“浪子宰相”。

从某种意义上说，如果为官一任，毫无政绩，就是失职，官无政绩甚至就是缺德。失职行为如果造成重大损失，还应受到法律的制裁。如果官居其位不谋其政，即使没有造成明显损失，也要受到道德的制约与谴责，从而使为官者受到社会舆论和道德良心的惩罚。面对人民的重托、百姓的期待，那些玩忽职守者、无所事事者应当扪心自问“良心何在”？

官无政绩　应为耻辱

习勤忘劳，习逸成惰。

——（清）李惺《西沤外集·药言剩稿》

勤政是要由实实在在的政绩来说话的。并非是说其朝九晚五，事无巨细，事必躬亲，忙得晕头转向的就是勤政；或者天天车马劳顿，外出参观考察马不停蹄，忙得不亦乐乎的就是勤政；或者沉溺于文山会海，奔波于觥筹交错的接待应酬之中就是勤政。怎样看待政绩，秉持什么样的政绩观，是官员道德修养的重要体现，是领导干部衡量能否正确对待群众、正确对待组织、正确对待自己的试金石。考察官员的政绩，不应只看表面的东西，而要看官员能不能做到敬业、勤业、精业、守业。

敬业是从政的一种态度或精神，是指官员在从事本职工作时所具有的专心一意、严肃认真、谨慎尽职的态度和精神。敬业是一种崇高的精神境界，包含了一种积极的人生态度。敬业精神与当前市场经济的结合，是个人自身的道德评价和价值追求得以形成的现实基础。市场经济的目标是利，其原理是等价交换，“利”是“义”的价值取向和终极目标；市场经济条件下伦理道德的核心是“义”，“义”是实现“利”的手段和途径。这样，“义”与“利”在价值层面上的相通和互为因果，便使伦理道德深入到经济生活中，成为经济生活的价值取向和文化原理，从而达到市场原则、道德原则、伦理原则的一致。于是，敬业精神便在经济与伦理之间架起了一座桥梁，使经济具有了道德的价值取向，并且赋予道德以一种实践理性的经济功能，为官员实现德才统一提供了现实条件，并提出了具体要求。

勤业是指官员在敬业乐业的基础上埋头苦干、兢兢业业、任劳任怨、恪尽职守的精神境界和行为方式。勤政为民是中国传统官德之精华，《尚书》中说："功崇惟志，业广惟勤。"建功立业，关键在勤，勤业不但是民德的要求，更是官德的要求。勤业不但是对官员从事本职工作提出的要求，而且还体现了一种道德风范。对官员来说，勤业不仅仅是按上级的安排，老老实实完成任务，更主要的是勤于思考，多想办法，多出点子。只有多思勤思，才会使决策准确无误，才能出新办法、新措施。还要勤于调查研究，广泛接触群众，增强工作的针对性，杜绝瞎指挥，克服盲目性。"官不勤则事废，民受其害"。

尤其是作为代表无产阶级和广大劳苦大众利益的共产党的干部，被称为"人民的勤务员"，更应当从现实情况出发，兢兢业业、勤勤恳恳，一点一滴地做好实际工作，一个一个地解决问题，一步一步地战胜困难。各级领导机关和领导干部要以身作则，转变作风、扎实工作、勤政为民，认真解决群众迫切需要解决而又能够解决的问题。

精业是对工作力求尽善尽美的精神和实际能力。为官者光有一腔工作热情不行，还必须精通业务，具备完成工作任务的实际本领，干部的专业化要求正缘于此。领导干部，尤其是专业性干部不懂专业，不懂技术，就只能是瞎指挥乱指示，造成"外行领导内行"的局面，于国于民都不利。现代社会的发展对官员的业务素质提出了越来越高的要求。这就迫使每个官员要不断学习，提高自身素质，更好地胜任本职工作。作为一个领导干部，首先应当具有很高的政治理论修养，掌握正确的工作方法，站得高，看得远，能分清是非，善辨别真伪；同时，应当掌握现代管理科学，灵活地、创造性地运用科学管理知识，可以使工作事半功倍，还应当具备一至两门专业知识，业务上懂行。只有这样，才能提高勤政的效率，才能真正有政绩，才能真正取信于民。

守业是要守住前人和自己创造的业绩，珍惜人民的劳动成果。守业比创业难，为官一任，造福一方，不要当人民唾骂的“败家子”。有的官员由于不懂科学管理，也没有专门知识，结果导致国家的财政亏损，人民的血汗付诸东流。

创业难，守业更难。有些官员在带领大家创业时能够艰苦奋斗、以身作则。可是刚刚干出了一点成绩，就飘飘然不知天高地厚，大建楼堂馆所，买高级轿车，滥发奖金福利，以此证明他的“政绩”。结果好景不长，所谓的“政绩”也就成了“劣迹”。

《资治通鉴·唐纪》中记载，唐太宗问房玄龄、魏征等人：“创业与守成哪个难?”房玄龄回答说：“国家开始创立时，我们和众多豪强竞相起兵较量，经过拼死争夺后，才取得天下，使他们称臣，创业难啊!”魏征说：“自古以来的帝王没有不在艰难的时候取得天下，而在安逸的时候失掉天下的，守成难啊!”太宗说：“房玄龄协助我一起取得了天下，历经百战，九死一生，所以知道创业的艰难。魏征协同我一起安定天下，常常担心在富贵的时候滋生骄奢，疏忽的时候发生祸乱，所以知道保持已有的业绩的艰难。但是创业的艰难已经过去；保持已有的业绩的艰难，正应该和大家谨慎对待。”

敬业、勤业、精业、守业是一个统一过程，是政绩中缺一不可的。敬业展现的是官员的爱国爱民之心和工作上的主动状态；勤业展示的是官员的工作态度和作风；精业展示的是官员的才能；守业展示的是官员珍惜他人、敬重今人、负责来人的情怀。四者构成政绩的基本要素，也是官德的要件。

大凡以政绩著称的官员，莫不是讲求实效、勤勉务实、勇于开拓、精明能干之人。他们都具有“为天地立心，为生民立命”的气魄，真实地履行自己的职责，为国为民而鞠躬尽瘁地工作。正是这些实干家，托起了人民对官员的希冀；正是这些政绩，才筑起了官德的坚实基础。

避免浮夸　力戒虚假

士大夫济人利物，宜居其实，不宜居其名。居其名则德损。

——（清）陈弘谋《从政遗规》

政绩是官德的构成要件，但政绩依靠的是实干，其出发点和目的是为民。如果离开这两个约束条件，就变成了“政绩工程”。

所谓政绩工程，是指某些官员或为了面子相互攀比，或为了个人或小团体的利益，而不顾当地实际和群众需求，不惜利用手中权力搞出的欺上瞒下、花团锦簇、浮夸虚假、不务实效却又可能为自己或小团体所标榜的虚、假、大、空的业绩。这些所谓的“政绩工程”、“形象工程”、“面子工程”，完全是劳民伤财，哗众取宠，贻害无穷，有的还激起了广大人民群众的愤慨，造成的社会负面影响巨大。曾经强大的隋朝就是因为隋炀帝大兴“政绩工程”，结果迅速衰落，二世而亡。

隋朝的财政体制是藏富于国，百姓的日子却过得异常艰难。大业六年正月十五，隋炀帝在洛阳举行盛大的节日庆典，那些随他西巡入京的诸国使节、商人都有幸见识了帝国的强盛与富足。来自全国各地的五万多名乐工集中于东都皇城外的定鼎门大街，足足闹腾了半个月。东都的市场被整饬一新，供各国商人参观。就连那些成本低廉、收入微薄的菜贩子都要在店铺里铺上地毯。隋炀帝还让人把路旁的树木都用丝绸缠起来，极尽奢华。看到这些，胡商们很不理解，问道："你们这里有人连衣服都穿不起，为什么不把这些裹在树上的丝绸拿去给他们做衣服呢?"

除了花些"小钱"，隋炀帝还建东都、凿运河、筑长城、开驰道，在形象工程建设方面不惜下血本。据史料记载，隋炀帝大业元年修东都洛阳，总计用十个月的时间，每月用工两百万；大业三年修长城，发丁百余万；大业元年到大业六年修运河，累计用工三百万以上。从隋炀帝即位，到大业八年第一次东征高丽，隋朝一共上马了22项大型工程，总共动用的人力达到三千多万人次。隋炀帝时期全国人口才四千六百万，而八年时间就动用了三千多万人，每年平均征用四百万左右的劳动力，将近总人口的十分之一，几乎是全国男丁的总数。

隋炀帝让自己的帝国陷入无休无止的劳役之中，老百姓在生命难以承受的重压之下苦苦挣扎，将一个澎湃的帝国生生拖入死亡的泥沼。

政绩工程是一场政治作秀，其目的是获取或骗取个人升迁的政治筹码和资本。真正的政绩应当是"为官一任、造福一方"的实绩。它要求为官者要牢固树立全心全意为人民服务的思想和真心实意对人民负责的精神，做到心里装着群众，凡事想着群众，工作依靠群众，一切为了群众，坚持权为民所用、情为民所系、利为民所谋，为群众诚心诚意办实事，尽心竭力解难事，坚持不懈做好事。只有这样，才能真正赢得人民群众的好评、信任、支持和拥护。要想清除劳民伤财、贻害百姓的"政绩工程"，一方面需要官员严格遵守"实事求是"的思想路线；另一方面也要建立科学合理的绩效考核制度，奖勤罚懒，用制度管人。对那些浮夸虚假、热衷于"政绩工程"的官员们实行严厉的问责制，把那些庸官、懒官、昏官清除出去。

中国古代就有了对官吏政绩的考核，最早可追溯到夏禹时代的"会计"制度。这时的"会计"是定期会集诸侯，对其贡赋征收进行考核。

到了秦汉时期，随着统一的中央集权制国家的建立和完善，官员考核制度更加系统化。每年“秋冬岁尽，各计县户口垦田，钱谷入出，盗贼多少，上其集簿”，然后再综合各方面的情况做出评估，定出政绩等第，作为奖惩的依据。如北海太守朱邑“以治行第一”，提升为大司农，而左内史儿宽“以负租课殿”被免职。

但是这种考课制度会带来另一个问题，那就是官员为了完成上级交给的收缴租税任务，获得好的考评，不惜对百姓使出许多残忍的手段。唐代大诗人白居易就曾经当过税吏。当时刚刚经历安史之乱，盛唐不盛，元气大伤，百姓无钱纳税。白易居一面狠下心来收税，一面又写下不少充满悲悯之情的诗歌，如《纳粟》一诗：

有吏夜叩门，高声催纳粟。家人不待晓，场上张灯烛。
扬簸净如珠，一车三十斛。犹忧纳不中，鞭责及僮仆。
昔余谬从事，内愧才不足。连授四命官，坐尸十年禄。
常闻古人语，损益周必复。今日谅甘心，还他太仓谷。

写出了官员为“考课”侵害百姓的弊政。有时候虽经严刑峻法，收税任务也无法完成，官员自然会选择弄虚作假。宋代各地都要设义仓，存储粮米以备灾荒。可是“每常官吏检点省仓，则挂省仓某号牌子，检点常平仓，则挂常平仓牌子，只是一个仓，互相遮瞒”。

崇实是官员的基本品德。“为政务在言实”，官员肩负着为人民谋利益的职责，要注重实效，从实际出发，说实话、办实事、出实效、报实绩。官员行使的权利是人民赋予的，人民的支持和信赖不仅来自于官员的决策、组织、领导，还来自于官员的表率形象。诚实是立德、立言、立功的基础，表里如一、言出必行是讲诚信的基本要求。官员要把诚实作为为人处世的基本准则，不断加强思想道德修养，塑造高尚的品格。官员的定位是人民公仆，想群众之所想，急群众之所急，常怀为民之心、办利民之事，深刻理解和认识“权为民所用，情为民所系，利为民所谋”，说话办事客观、实际，做到不唯上、不唯书、只唯实。诚实做人、只做实事对官员来说，需要一定的勇气，需要坚持原则，不因自己的个人得失而作为行事、实事求是与否的标准，而应该无私无畏，始终把人民利益高于一切作为行事原则，真正做到不图虚名、求真务实。

亲历亲为　鞠躬尽瘁

弗躬弗亲，庶民弗信。

——《诗经·小雅·节南山》

勤政的官员，首先应身先士卒，以身作则。古往今来，“事必躬亲”总与对官员的赞美联系在一起。人们之所以对这些官员不吝赞美之词，是因为他们都体现了一种为官的态度：修己正身，身先士卒。

诸葛亮在刘备托孤之后，认为后主刘禅不懂得治理国家，所以内外之事都承揽了下来，“事无巨细，咸决于亮”。凡重大军事行动，诸葛亮无不率军亲征。南征孟获时，丞相长史王连就劝阻诸葛亮不要亲征，“此不毛之地，疫疠之乡，不宜以一国之望，冒险而行”。虽然诸葛亮也因为王连言词恳切，有所犹豫，最后还是率军亲往。南方既平，没有了后顾之忧，诸葛亮集中精力留意于北方，用了两年多时间作伐魏的准备。建兴五年，诸葛亮作有名的《出师表》，率军北驻汉中，开始长达十二年的伐魏战争。此期间，大小战事，诸葛亮无不亲自谋划、亲自指挥。

最后一次北伐，诸葛亮率军由斜谷出，占据五丈原，与司马懿对垒，相持百余日，双方还有使者来往。一次，诸葛亮使者至，司马懿问诸葛亮吃饭睡觉及其管多少事、多大的事。使者回答说：“诸葛公夙兴夜寐，罚二十以上，皆亲揽焉；所啖食不至数升。”司马懿感叹说：“食少事烦，其能久乎？”后来诸葛亮果然积劳成疾，死在五丈原。

诸葛亮率军作战，军中吃、住、行诸般事务，都要用绳墨衡量，务求整齐划一、规范标准。不仅如此，诸葛亮还“好治官府、次舍、桥梁、道路”，这些都要亲自安排、亲自设计、亲自督办。甚至于往来公文，诸葛亮也要亲自校对，以至于主簿杨颙劝他说：“治理国家是有制度的，上司和下级做的工作不能混淆。所以古人说‘坐着讨论问题，作出决定的人是王公；执行命令，亲身去做事情的人，称作士大夫’。丙吉不过问路上杀人的事情，却担心耕牛因天热而喘；陈平不去了解国家的钱、粮收入，而说‘这些自有具体负责的人知道’，他们都真正懂得各司其职的道理。如今您管理全国政务，却亲自校改公文，终日汗流浃背，不是太劳累了吗？”

作为领导，有的人善于放权，有的人亲力亲为。也有很多人像杨颙那样批评诸葛亮“不懂管理艺术”。然而官员既具有不同于常人的权力，就必定具备更高的道德标准。领导干部的“躬亲”指的是一种积极向上的领导方式。在深入实际的前提下，真正在领导过程中做到严于自律、有担当敢负责、懂得团队协作并有时效地解决问题，才是具有实际意义的“躬亲”。

领导对工作的态度直接影响着团队的氛围。经常出入工作一线、充满热情和干劲的领导会带出不畏困难、勇于接受挑战的团队；遇事推诿、懒散懈怠、“事不关己高高挂起”的领导，下属自然会逃避问题，趋利避害，行事散漫，避重就轻。官员在工作中以身作则，身先士卒，于无形中激励下属，有利于形成良好的团队氛围，同心协力，解决问题。

《宋史》记载，苏轼在徐州太守任上，黄河在曹村附近决堤，在梁山泊泛滥，从南清河溢出，汇聚在徐州城下。洪水不断上涨，不久就要泄进城里，城墙即将被冲毁，城里的富人争着逃出城去避难。苏轼说："如果富人都出了城，民心一定会动摇，谁和我一起守城呢？只要有我在这里，就不会让决堤的水毁了城墙。"于是将富民们赶回城中。苏轼到武卫营，把卒长叫出来说："河水将要冲进城里，事情很紧迫了，即使是禁军也要暂且为我尽力。"卒长曰："太守您尚且不逃避洪水，我们这些小人应该为您效力。"于是率领他的士兵拿着铁锹出营，修筑东南方向的长堤，堤坝从戏马台起，末尾与城墙相连。雨日夜不停，没有受损的城墙只有三段。苏轼天天住在城上，即使经过家门也不入，派官吏们分别在城墙各处守卫，最终保全了徐州城。

事必躬亲不一定是好的管理方式，但作为一种积极的领导态度，是科学行政的方法之一。所谓正人先正己，推己及人，科学领导本身就是一个"以其昭昭，使人昭昭"的过程。领导者自省自律、加强自身修养是造就高效团队的基本前提。在职权范围内的亲力亲为，善于观察、分析问题，就是为行政过程中处事和决策提供方法论。遇事能够身先士卒，勇于承担，才能在处理问题的过程中凝聚团队力量，抓住事物的主要矛盾，对症下药，实现科学行政。

亲力亲为，不把自己的工作假手于人，发扬扎实肯干的钻研精神，真实地掌握事物的发展规律和主要矛盾，使其成为发现问题和分析问题的根据开创性和现实性对策的源泉。发展创新思维需要勤于实践和积极探索的精神，官员在处理问题的过程中，深入一线，用充满干劲的氛围影响团队的成员，发挥身先士卒的开创精神，才能获取丰富的信息，集众人智慧，打破常规，形成集可行性、创造性和开拓性于一身的行政决策。

对于官员来讲，"事必躬亲"不仅仅是一种管理方法，更是道德规范。官员即使不必事事亲历亲为，也要时时站在工作一线调查研究、指导协调。若是每天躲在办公室里当“甩手掌柜”，自然会懈怠工作，辜负群众的期望。

与时俱进　改革创新

苟利于民，不必法古。苟周于事，不必循旧。

——（西汉）刘安《淮南子·氾论训》

人类文明发展的历史，是一部生生不息的创新史。官员作为领导者，本身就担负着指引并率领人们不断进步的使命，因此创新就是领导干部自身必备的官德素质之一。由于官员不仅是民众智慧和思想的代表，又是引领民众认识和改造世界的领头人，因此，官员不仅要从思想观念，还要从工作实践中打破常规，勇于开拓。历史上从春秋时期齐国的管仲“相地而衰征”、“作内政而寓军令”、“尊王攘夷”，到北宋王安石的“因天下之力以生天下之财，取天下之财以供天下之费”、“方田均税”，再到康有为、梁启超的“戊戌变法”，这些政策上的创新性变革都显示了领导者创新的胆识和强大的开拓精神。

赵武灵王是战国时期赵国君主，也是“改革”先驱。赵国军事力量不强，不仅受中原大国欺侮，林胡、匈奴等游牧民族也不时骚扰，就是邻境的小国中山也时常进犯。赵武灵王认为要想改变现状，必须改革军事，将车兵、步兵为主的军队变为骑兵为主。然而，当时国人的服装都是宽袍大袖，不适合骑马射箭，要想改革军队，必须推行胡人所穿的短小的“胡服”。他对国相肥义说：“愚蠢的人会嘲笑我，但聪明的人会明白的。即使天下的人都嘲笑我，我也这么做，一定能把北方胡人的领地和中山国都夺过来!”

然而保守的赵国人都不愿穿胡服。赵武灵王的叔父公子成谎称有病，不来上朝。赵王派人前去劝说他：“家事听从父母，国政服从国君，现在我要人民改穿胡服，而叔父您不穿，我担心天下人会议论我徇私情。治理国家有一定章法，要以有利人民为根本；处理政事要有一定原则，要以施行政令为重。宣传道德要先让百姓议论明白，而推行法令必须从贵族近臣做起。所以，我希望能借助叔父您的榜样来完成改穿胡服的功业。”

公子成说：“我听说，中原地区在圣贤之人教化下，采用礼乐仪制，是远方国家前来游观，让周边地区学习效法的地方。现在君王您舍此不顾，去仿效外族的服装，是擅改古代习惯、违背人心的举动，我希望您慎重考虑。”

使者回报赵王。赵王便亲自登门解释说：“我国东面有齐国、中山国；北面有燕国、东胡；西面是楼烦，与秦、韩两国接壤。如今没有骑马射箭的训练，凭什么能守得住呢？先前中山国依仗齐国的强兵，侵犯我们领土，掠夺人民，又引水围灌鄗城，如果不是老天保佑，鄗城几乎就失守了。此事先王深以为耻。所以我决心改穿胡服，学习骑射，想以此抵御四面的灾难，一报中山国之仇。而叔父您一味依循中原旧俗，厌恶改变服装，忘记了鄗城的奇耻大辱，我对您深感失望啊!”公子成幡然醒悟，赵武灵王亲自赐给他胡服，第二天他便穿戴入朝。于是，赵武灵王正式下达改穿胡服的法令，提倡学习骑马射箭。赵国因而得以强盛，消灭中山国，击败林胡、楼烦二族，辟云中、雁门、代三郡，成为“战国七强”之一。

对官员来说，要具备创新能力，首先就要做到掌握事物的发展规律和主要矛盾，做出的决策不仅要具有实践性，还需要做到可操作性。随后，在达到目标的过程中，能够积极地发现问题、果断地分析问题，充分调动成员的积极性和开创性，积累并总结经验，创造出新局面。在实践中，管理者容易陷入经验主义，教条主义的困局，随波逐流，安于现状，固步自封，很大程度上是由于官场中传统的“中庸之道”和“绝对平均主义”等思想作祟。官员要重构创新思维，首先就要做到加强学习。丰富的文化底蕴和专业知识是创新的前提，这是因为广博的知识和宽阔的视野好比大楼的地基，基础打得越稳越广，建筑就会越扎实越挺拔。较强的观察能力能够敏锐发现问题，渊博的知识能够拓宽思路，从独到的角度分析问题。不断学习，是更新知识和实现创新的必经之路。

其次，改革创新必须坚持实事求是的科学态度。所谓创新，就必须冲破固有知识和观念的桎梏，改变惯性思维，但这些必须在符合实际的基础上。这是因为创新的目的是解决现实问题，实现进步和飞跃，也就意味着实事求是不仅是创新的基础，同时也是创新的目的所在。如果不按事物的客观规律，单纯凭个人主观意愿，就不可能做出正确的决策。

历史上的王莽改制就是一次因为不切实际而失败的改革。王莽篡汉以后，为了解决西汉遗留下来的各种社会矛盾，进行了改革。改革的内容包括改天下田为“王田”，禁止买卖；将奴婢改为“私属”，禁止买卖。王莽还改革币制，铸大钱，重量相当于五株钱的 2.4 倍，却要当 50 枚五株钱用。王莽改制严重违背了社会发展规律，不仅没有达到预期目的，反而激化了社会矛盾。

官员领导活动的创新目的就在于改变陈旧的事物和定律。要实现新的目标，就必须依靠具有创新的实践过程。如果无法将创新的成果得以实践，那么再科学再可观的创新也只是纸上谈兵。在实践过程中，会出现意想不到的问题，也会创造宝贵的经验，将这些经验整合起来，根据实际情况的变化不断改进，使得实践创新具有良好的可行性，周而复始，创新不断。

最后，改革必须以为人民服务为终极目标。创新不仅仅是领导者个人思想的进步，而是在于创造更好的条件和环境，体现群众的意志和智慧，从而作用于群众。政策的创新，如果不将其作用于为广大人民群众谋利，那将是一纸空谈。

勤于思考　实干巧干

有才有识，可善治矣。

——（清）汪祖辉《学治臆说》

勤奋敬业、任劳任怨，从现代的眼光来看，离勤政的要求还有一段距离。现代科学管理观还要求公职人员能够做到统筹规划，不断创新和提高工作效率。因此，勤政除了“实”之外，还需要“巧”，即善用科学的方法和求实创新的精神来引导勤政能力不断提升。

孔子认为从政需要学识广博、多才多艺的通才，才可以承担治国安邦的重任。能力主要表现在作用于某些事件或活动的才干或本领，产生这种作用力的来源包括人的学识、技术、经验、智力等。执政者在行政环境中所表现出来的对法律的尊重和依从、对公共资源的合理分配、对公共权力的合理运用，公平公正地履行行政职能，实现对国家的治理和服务群众。在这过程中体现的才干、本领和作用力就是执政者的综合素质，也就是所谓的能力。这种能力表现在两个阶段：基本的行政能力和运营的行政能力。前者主要是指执政者执政过程中的基本的判断力、分析力、自律能力以及体力等；后者主要指在执政的实践过程中所显示出的实际操作能力，包括执行力、创新力、决策力等。要实现这两个阶段的转换，就体现在勤政能力的两个层次中，即从“实”向“巧”转换。

所谓巧，即在工作中以先进的理念引领并指导工作，在工作中除了实干之外，还要力求科学、创新和高效。正如前文所述，实干是领导在工作中具备的基本行政能力。有些官员尽管很勤奋，甚至事必躬亲，但由于拘泥于形式，不注意方法，在工作中眉毛胡子一把抓，分不清轻重主次，故行政效率低下。如何在勤干的基础上开辟出具有现代性、可行性和高效性兼具的巧劲来，便成为官员如何勤政的新课题。三国时庞统治理耒阳县，就充分说明“巧干”的重要性。

庞统是三国时与诸葛亮齐名的人才，但是因为相貌丑陋，一直未得重用。他怀揣诸葛亮的推荐信去见刘备，也只被派到耒阳当个县令。庞统到耒阳后，终日饮酒作乐不理政事，耒阳百姓议论纷纷。事情传到刘备耳朵里，就派张飞去耒阳视察。张飞到耒阳见到庞统，怒气冲冲地说：“我大哥敬重你的为人，让你当个县令，你怎么敢把政事都荒废了！”

庞统笑着说：“将军觉得我怎么荒废政事了？”

张飞说：“你到任一百多天，每天喝得醉醺醺的，怎么能不荒废政事？”

庞统说：“一个方圆百里的小县，小小公事有什么难以决断的！将军少坐，待我发落。”

于是，庞统命令属下小吏将一百多天所积压的公务案卷都抱到厅堂上，打官司的人都跪在台阶下。他“手中批判，口中发落，耳内听词，曲直分明，并无分毫差错”，不到半天的工夫就把一百多天的公务都处理完了。张飞这才知道庞统的才干，赶紧回去禀报刘备。

那么，如何才是巧干呢？在政务活动中，由官员统率和指挥人们实现一定的目标，这些目标需要靠其组织、号召和推动来实现。科学有效地管理是任何一个组织实现其目标的必要条件，它的任务就是科学地遵循规律，分析事物的症结所在，揭示并解决其主要矛盾。官员的领导工作是一项特殊的实践活动，它需要科学的规律加以指导，同时，由于它既具有特殊性又具有高度的综合性，使得管理和领导过程越发纷繁复杂。

国家公职人员努力运用科学的方法和创新的思维解决实践中的问题，不仅利于构建服务型政府，也有利于官员树立以人为本、把人民的需要作为最高价值标准。同时，也有利于强化科学执政理念，有利于为民众更直接更有效地解决问题。然而，由于官员在领导管理实践中遇到的问题纷繁复杂，不仅受到主观思维的影响，还受到外界客观因素的限制，因此，在工作中常常不能完全运用科学的方法和思维来开展工作、解决问题，管理工作也会因此陷入困境。有些官员习惯按照上级的指示行事，不论是否符合实际，不论是否正确都一味附和执行；有些官员办事不与时俱进，自诩具有较高的理论知识水平，遇到问题仅凭书本知识或历史经验处理，脱离实际，阻碍管理活动的开展；全球化和信息化的背景下，有些官员不深入基层，不更新现代信息手段，信息闭塞会导致思维落后，处理问题片面、消极，盲目自大，会使得领导活动陷入困境。

林则徐曾被誉为近代中国“睁眼看世界的第一人”。他在广州期间，组织翻译外文新闻报、政治军事等书籍，甚至首次选译了当时通行的《国际法》。但他对外国的认识仍然非常肤浅。比如，他认为洋人士兵因为脚上有绑腿而无法弯曲膝盖，“一仆不能复起”，可任人宰割。对洋人的坚船利炮，林则徐也有着奇怪的幻想：“英国要攻中国，无非乘船而来。它要是敢入内河，一则潮退水浅，船胶膨裂，再则伙食不足，三则军火不继，犹如鱼躺在干河上，白来送死。”

由于这些偏见，林则徐轻视英军的陆战能力，他主持修建的两座炮台也根本没有侧后方的防御措施。结果，战事一起，英军很快就登陆作战，两面夹击攻下炮台。事后，英国军官还很纳闷地在一封信里告诉友人：“真奇怪，这些炮台完全没有防御地面攻击的设施，就像是欢迎我们回家的摆设。”

官员之勤政，一定要勤于思考，不断学习。在掌握马克思主义原理和毛泽东思想、邓小平理论等原理的前提下，广泛吸收社会、政治、经济、自然科学、心理学等知识，养成勤于思考、乐于学习的习惯，不断总结自己的领导和管理经验，并把它们运用到实际工作中去，不断提高科学领导能力。

如何培养　勤政能力

知之愈明，则行之愈笃。行之愈笃，则知之益明。

——（南宋）朱熹《朱子语类》

要勤政，要出政绩，考验的不仅仅是官员的职业品德，也在考验官员的职业能力。能力有先天和后天之分，先天难以改变，后天则可研磨锻造。对于官员来说，勤政能力也是需要通过学习才能获得的。

良好的业务技能是公职人员开展工作的重要保证，更是公务员勤政和善政的必要条件。如果官员对自身从事的业务工作不熟悉，势必影响其工作热情，勤政也将是一句空话，善政也难以实现。

清代，绝大多数科甲出身的官员只知道四书五经，必须聘用“幕宾”帮助处理日常工作。有的地方官员懒于政务，养尊处优，把经管钱粮、办理诉讼、草拟文稿、清理账目诸务一概交幕僚处理，甚至用人大权也由幕友家丁包揽，这就使本已腐败的吏治更加腐败。地方行政如此，中央六部也不例外。当时各部办事的程序是“每办一案，堂官委之司官，司官委之书吏，书吏检阅成案比照律例，呈之司官，司官略加润色，呈之堂官，堂官若不驳斥，则此案定矣”。中央政府的六部、地方政府的六房，就是清政府实际办事的六根支柱，这样看在这些部门工作的胥吏、幕宾，虽然不是国家正式官员，但他们是真正在办事的人，而且很多时候是在指挥着官办事。嘉庆皇帝就曾说：“诸臣全身保位者多，为国除弊者少，苟且塞责者多，直言陈事者少；甚至问一事，惟推诿于属员，自言堂官不如司官，司官不如书吏，实不能除弊去害。且大学士、尚书、侍郎以及百司等，唯诺成风，皆听命于书吏，举一例牢不可破，出一言唯令是从。”

清末名臣郭嵩焘曾有一段名言：“汉唐以来，虽号为君主，然权力实不足，不能不有所分寄。故西汉与宰相外戚共天下，东汉与太监名士共天下，唐与后妃藩镇共天下，北宋与奸臣共天下，南宋与外国共天下，元与奸臣番僧共天下，明与宰相太监共天下，本朝则与胥吏共天下耳。”之所以有这种现象发生，很大程度上是因为官员不熟悉行政事务。

公务人员不能只擅长写写报告总结，而要在各方面加强学习，对依法行政能力、公共服务能力、调查研究能力、沟通协调能力、创新能力、应对突发事件能力、心理调适能力进行培训，通过学习进一步提高解决复杂矛盾和问题的能力，增强驾驭全局和解决重大题的战略思维能力，更好地推动科学发展，促进社会和谐，以业务能力的提高来强化勤政的达成和善政的实现。

在业务技能学习的同时，官员也不能放松政治理论学习和道德操守学习。

政治理论学习旨在增强官员的宗旨意识、发展意识、大局意识、服务意识，从而提高领导干部自身的政治理论素养，有坚定的理想信念、清醒的政治头脑和扎实的理论功底。官员们只有通过政治理论的学习，提高自己的政治鉴别力，才能找准正确的航向，在确定了正确的道路之后才可能以极大的热情投入到大局工作之中。对领导干部而言，必须强化“全心全意为人民服务”、“尽忠职守、乐于奉献”等观念和意识，不断增强宗旨意识、执政意识、大局意识、责任意识，把推动科学发展作为履行职能的第一要务。通过学习进一步加强自身修养和主观世界改造，不断锤炼道德操守、提升精神境界，在促进社会和谐中发挥重要作用。

孔子曰：“学而不思则罔，思而不学则殆。”加强学习之外，还要注重思考，把握好学习和思考的辩证关系。思考是一种根据已有经验和现有条件进行认知的过程，思考是对过去的总结、现实的反思和未来的预测。思考缘于现实中存在问题，问题是任何社会、任何国家、任何单位都存在的一种客观现象。因此，唯有通过认真周全的思考，才能采取切实可行的措施予以解决。

领导干部要学会思考，精于思考，要进行全局性思考和前瞻性思考，要善于冷静思考、理性思考、战略思考。唯有如此，才能将原则性的指导意见与本地区本部门实际情况相对接，从而将问题想得更透彻，思路想得更清晰，方法想得更适宜，对策想得更周全，准备工作做得更细致，成功率更高、效果更好。领导干部思考问题要有针对性，必须立足于自己的岗位职责，过多地想工作之外的其他问题则是胡思乱想，于工作于勤政于人民毫无益处。领导干部进行深入思考是保障勤政为民方向正确的必要步骤，如果思路不清、想法不明，即使花费再大精力去勤于政事，结果可想而知。

勤政能力的培养还要通过实践的检验，在实践中不断提高。实践是改造社会和自然的有意识的人类活动，是人的主观的、感性的活动，是主观见之于客观的能动性活动，是社会的活动、是历史的活动。实践是认识的基础，是政府履行国家职能的具体方式与表现形式，没有实践就没有政府存在的自我确证，没有具体的实践就没有政府存在的必要。

实践是提高官员能力和素质的基本途径。各级领导干部必须强化实践意识，切实付出实践行动，在实践中接受锻炼，在实践中增长才干。在实践中经受锻炼，必须到人民群众最需要的地方去，到矛盾最集中的地方去，通过下派挂职、干部交流、短期任职等方式，积极选派年轻干部、后备干部到农村、社区、企业进行实践锻炼。要积极提升调查研究的能力，加强典型调查、专题调查和系统调查，全面掌握新情况、新问题，提升沟通交流的能力，说心里话、实在话、内行话，懂沟通技巧，不断提升解决问题的能力。注重思想、政策、法律、经济等手段的综合运用，因地制宜、因人而异地解决群众反映强烈的问题。

第六章
Chapter 6

慎

朝乾夕惕　谨慎小心

谨慎是官德的堤防。为官者，应该“吾日三省吾身”，注意修身律己，做到自重、自省、自警、自励，珍惜自己的名誉，保持人格的纯正。在没有外界监督的情况下，也能按道德要求处事做人，依靠高度的道德觉悟和自觉精神，从而真正实现道德上的自律。

慎始慎微　把好首关

夫小者大之渐，微者著之萌，故君子慎初，圣人存戒。

——（唐）陆贽《兴元论解姜公辅状》

当官就为了贪污受贿，不做正事，这样的官员可以说百万中无一。绝大多数腐败官员之所以“失足落水”，原因之一就是他们没能够把握住“第一次”。

“第一次”很重要。人往往是第一道“防线”被冲破，就会“兵败如山倒”；第一道“闸门”一旦打开，欲望的“洪水”就会一泻千里。人生贵善始，加强官德修养，保持自身廉洁，关键在于第一次。把好了第一次，就掌握了主动，就能在各种腐蚀诱惑面前立于不败之地。在“不义之财”面前慎重对待“第一次”，果断拒绝“第一次”，对公职人员来说，是至关重要的。

明代的张瀚在《松窗梦语》中说，他初任御史时，曾去拜见都台王廷相。王廷相给他讲了一个“轿夫湿鞋”的故事。话说有一天下雨后，一个轿夫穿着新鞋抬轿，刚开始时这个轿夫抬腿迈步十分小心，专拣干燥的地方走，生怕水多的地方打湿了新鞋。可走着走着，他一不小心踏进了泥水里。于是，轿夫便一步步“无所顾惜”，鞋子也就浸满泥水了。王廷相十分感慨地说：“为官做人的道理也是一样啊，欲善终，当慎始。”

几乎所有贪官都如这个轿夫一样，刚开始时走的是干净的路，但时间长了，便被那“一点儿小意思，不成敬意”的恭维攻破思想上的第一道防线，慢慢地走上不归路。这些官员本来在工作中兢兢业业，廉洁奉公，但由于不能自始至终廉洁自律，偶然的一不小心而踩进“泥坑”，经不住灯红酒绿的诱惑，由一次小小的错误开始而从此放弃了自己的操守。从推三阻四吃别人一顿饭，面红耳赤收一点土特产开始，到收受成千上万的现金、支票脸不红心不跳，一来二去，来者不拒，甚至张口伸手，在“下不为例”的自我安慰中放松了思想警惕，一步步滑向犯罪的深渊。只有官德深厚者，才能避免这样的错误。

陆贽是唐代政治家、文学家，曾出任宰相。他性情刚烈，严于律己，以天下为己任，曾提出“立国之本，在乎得众”。别人送给他的礼物，他一概拒绝。皇帝都觉得他太“不近人情”，劝说道：“爱卿你太过清廉了，别人送什么都不收，这样恐怕不近情理，以后会很难办事啊。像马鞭靴子之类的，收下也没什么关系。”

陆贽却坚持说不能这样：“一旦开了受贿这个口子，必定胃口越来越大。收了鞭子靴子，就会开始收华服裘衣；收了华服裘衣，就会开始收钱；收了钱，就会开始收车马座驾；收了车马座驾，就会开始收金玉珠宝。”习惯了收小礼物，渐渐就会习惯重礼，拒贿一定要防微杜渐，个人防线时刻不能放松。

“慎始”早已成为古人修身养性的重要方式。老子说：“慎终如始，则无败事。”程颐说：“一念之欲不能制，而祸流于滔天。”苏轼说：“其始不立，其卒不成。”如此等等，说的就是初之不慎，后患无穷；既能慎始，必能全终。警惕了“第一次”，就能累积成“每一次”，牢固的思想道德防线就不会被突破，不正之风和腐败现象就找不到可乘之机。在廉洁与腐败、正义与邪恶的较量中，我们就能永远立于不败之地。

也有人说：“我虽然收了礼物，但是能控制自己只收小礼物。值钱的东西是绝对不碰的。”这些官员认为，自己辛辛苦苦工作，收点拿点、吃点喝点、玩点乐点，是人之常情，是小节；有的认为只要不犯大错误、不搞大腐败，犯点小错误、有点小毛病，组织上也会宽容、原谅。正是这种小节无害的心理，使他们渐渐放松自我约束，滋长了放任心理。

公孙仪是战国时期鲁穆公的宰相，他有一个爱好，就是特别喜欢吃鱼。于是，想求他办事的人纷纷送鱼上门，却都被公孙仪一口回绝。他的弟子很不理解："您素来酷爱吃鱼，为什么不接受别人的鱼呢？"公孙仪说："吃几条鱼固然微不足道，但假如我收了别人送来的鱼，就要迁就于他，就会腐败枉法，就会被罢免相位。到那时，我再想吃鱼，这些人肯定不会再送给我了。现在我不收别人的鱼，倒还可以安稳地做丞相，自己能够经常买鱼来吃。"

俗话说"拿人家的手短，吃人家的嘴短"。殊不知小节并非无害，而是一切大害的开始。如果自己的合法收入可以满足自己的生活要求，又何必收受别人的馈赠呢。官员一定要在"慎微"上下功夫，注意每一件细小的事情，务必"去小恶以保本真，积小善以成大德"。

在形形色色的诱惑面前，在看似正当的理由面前，国家公职人员要经得起诱惑，要学会说"不"，把好第一关，守住第一道防线，防一念之差而误入歧途，防一时冲动而失去理智，防一步不稳而跌落泥坑，防一蚁之穴而毁掉长堤；要自觉做到环境再变，心灵不能浮躁；诱惑再多，步子不能乱套。当"投其所好"和"可乘之机"纷至沓来时，切记要把住"慎初"关口；当自己刚刚萌发非分之想的念头时，切记要看牢"慎微"的要害；当不期而至的歪风浊浪迎面袭来之时，切记要"浪击身不斜，沙打眼不迷"，要理智地思考，瞻前顾后，左掂右量，三思后行。要常修从政之德，常怀律己之心，常思贪欲之害，常弃非分之想，既要以圣贤的高风亮节怡情养性，又要以贪官身败名裂的教训自警，甘于清贫、耐住寂寞，不该拿的东西坚决不拿，不该去的地方坚决不去，不该做的事情坚决不做，堂堂正正做人，清清白白为官，认认真真做事，心不贪，手不伸，以廉洁自律的良好形象赢得群众的支持和拥护。

慎好慎欲　择善去私

伤其身者不在外物，皆由嗜欲以成其祸。

——（唐）吴兢《贞观政要·君道》

官员贪腐堕落，究其根源无不是为欲所困、为欲所害，无不是因为权力欲、金钱欲、美色欲、名利欲、占有欲、享受欲太盛。“无理则欲滥，无欲则理废。”灭欲不可能，亦不可取；而纵欲又为害无穷，唯一正确的办法是以理导欲、以理制欲，通过理性把欲求控制在“无过无不及”的程度，“非理之财莫取，非理之事莫为”。

官员又与普通人不同，即使是面对正常的欲望，也要慎之又慎。比如个人嗜好，人皆有之，官员也不例外。但是，官员对自己的兴趣、爱好，不能恣情放纵，而应当把它与官德的修养联系起来，对有利于官德修养的则育之，不利于官德修养的则弃之，介于有利与不利之间的则节之。领导干部对自己的爱好如果不善节制，就有可能被别有用心的人所利用。

高俅是历史上有名的奸臣之一，他的发迹，靠的就是迎合“领导”的业余爱好。

高俅原本是驸马督尉王诜的随从。王诜擅长丹青，和同样喜好书画的端王赵佶关系密切。一次，王诜与赵佶在等候上朝时相遇，赵佶忘了带篦子刀，于是向王诜借了一个。赵佶用后对王诜说：“这篦子刀的样式非常新颖可爱。”王诜回道：“我最近做了两个，还有一个没用过，稍后就派人给你送去。”晚上，王诜就派高俅到端王府去送篦子刀。碰巧，赵佶正在园中踢毬，高俅便站在一旁看，露出不以为然之色。或许是赵佶注意到了这个小厮的神情，便问道："你也会踢吗?"高俅倒也年轻气盛，回答说能。于是二人对踢，高俅拿出全身本领，将毬踢得如鳔胶粘在身上一般，甚合赵佶的口味。赵佶大喜，当即派人传话给王诜："谢谢你给的篦刀，连同派来的人，我一起收下了。"于是，高俅就变成了赵佶的亲信。

如果赵佶一直是个亲王，高俅一直是个亲王随从，那也无关紧要。谁知哲宗皇帝死后，端王赵佶当上了皇帝，就是宋徽宗。徽宗特别想提拔高俅，但是文官的选拔制度非常严格，徽宗就让他做武官。靠着其他武官的帮助，高俅居然有了"军功"，一步步升到太尉的高位。

高俅乖巧善佞，对徽宗百般讨好，迎合皇帝好名贪功的心理。他管理禁军，在军队训练上玩了不少花架子，不仅将军营的地皮建成私宅，还把禁军当做私役，不管训练，专管为他营私出力。于是，军队纪律废弛、军政不修，成为"无一可用"的摆设，以至当国家面临外敌入侵时，开封城内几十万禁军很快瓦解。作为大宋的最高军事统帅之一的高俅，显然难辞其咎。

可以说，如果不是赵佶有个喜欢踢毬的爱好，高俅也不会被提拔到高位，最后给国家带来那么大的损失。可以说，嗜好会成为官员的"软肋"，要想把官做好，就要慎重地保护好自己的"软肋"。

包拯是最著名的清官之一。他曾任端州知州，三年间造福百姓，社会安定。端州出产砚台，与宣纸、湖笔、徽墨齐名，是"文房四宝"之一。端砚"易发墨，不损毫"，乃砚中极品，用端砚磨出来的墨汁"隆冬不冰"，写在纸上"虫蚁不蛀"，自唐代起就成为了朝廷贡品。包拯作为中过进士的文官，自然会喜爱端砚。任职端州后，他亲自监守制砚，并在府中设有洗砚池。然而，包拯离开端州时，不曾私留一方端砚。小小的一块砚台，在他的眼中也是严重腐败行为。

相传，包拯离开端州，当船行使到西江羚羊峡时，顿时风浪大作，船不能行。包拯命仆人检查，发现下人收下了百姓送的一块端砚，放在船舱里。包拯把砚往江心一抛，风浪立刻停止了。后来，在包公掷砚处便隆起了一块陆洲，名为砚洲岛。当地人在砚洲岛上建起了一座包公祠，至今犹存，香火不断。

包拯一生为官清廉，刚正不阿，慎始慎终。到了晚年，“虽贵，衣服、器用、饮食，如布衣时”。包拯病危时，为了防止后代人有不廉洁者，便给家人留下遗训：“后世子孙仕宦有犯赃滥者，不得放归本家；亡殁之后，不得葬于大茔之中。不从吾志，非吾子孙。”还将遗训刻在石上，竖砌在堂屋东壁，以昭后世。

无欲则刚，但克制欲望并不是一件容易事，因此就要对官员的道德品质提出比一般人更高的要求。有道是“无事生非”。一个人不能太清闲，否则很容易胡思乱想。一些官员之所以会对一些不良嗜好很上心，一个重要的原因就是工作压力太小，责任意识太薄。在工作上，不求过得硬，只求过得去；不求有功，但求无过。因此，对工作敷衍了事、马虎行事，与其在工作上“累”死，还不如在生活上“乐”死。工作之余、闲暇之时，他们便将大量的时间和经历用在培养自己的业余爱好。然而身为领导干部，应当“将有限的时间投入到无限的为人民服务中去”，将工作视为最大的“兴趣爱好”。否则又何必选择国家公职作为终身事业呢？所以，要想使官员的软肋不软、嗜好不坏，必须强化其工作责任，给其工作加压、加量，使其无心多思、无暇乱想。

公职人员必须以正确的理论为依据，划清什么是正欲，什么是邪欲；什么是公欲，什么是私欲；择其善者从之，要把好节欲与纵欲的关口。追求个人欲望的实现，适度为利，放纵不得，不能违背党纪国法，不能违背官德原则；要处理好民欲与己欲的关系，不仅要坚持与民同欲，同甘共苦，而且要把“体民之情，遂民之欲”作为应尽的责任和义务，热心地为群众排忧解难，谋利造福，而把个人的欲求置于群众欲求之下，做到“先天下之忧而忧，后天下之乐而乐”。

慎言谨行　语出有矩

君子慎言语矣，毋先己而后人，择言出之，令口如耳。

——（西汉）刘向《说苑·政理》

子长向孔子学习为官之道。孔子说："多闻阙疑，慎言其余，则寡尤；多见阙殆，慎行其余，则寡悔。言寡尤，行寡悔，禄在其中矣。"多听多看，慎言谨行，这是做官之道。

谨行慎言是中华民族的传统美德，历代圣哲先贤修身静心之本。所谓"说出去的话，泼出去的水。"不慎的语言，会在无意中伤人自尊、破坏团结。如果言语不慎重，轻则取其辱，重则丧其身。对于为官者而言，"慎言"是一种政治操守，体现出为官者对职守的忠诚。为官者不可随意谈论国家大事，否则就可能会贻害无穷。

汉成帝时的大臣孔光，为人十分周密谨慎，每天回家与兄弟妻子一起闲话时，从不谈及朝中的政事。有一次，家人无意中问："温室殿中种了什么树?"孔光却默默无语，守口如瓶。温室殿是皇帝和臣子们议事的地方，如果讲了温室之树，那接下来就是温室之事。拿国家机密当茶余饭后的谈资，会干扰政事，危机国家。

另一方面，公职人员在处理公务时，言语也是工作的一部分。所谓"言出法随"，如果胡言乱语，不讲信用，就会影响政府的威信。

周成王姬诵即位时，年龄非常小，所以由周公代理朝政。有一天，姬诵和弟弟叔虞一起在宫中玩耍。姬诵随手捡起了一片落在地上的桐叶，把它剪成玉圭形，送给了叔虞，并且对他说："这个玉圭是我送给你的，我要封你到唐国去做诸侯。”史官们听后，把这件事件告诉了周公。周公见到姬诵，问道：“你要分封叔虞吗？”姬诵说：“怎么会呢？那是我跟弟弟说着玩的。”周公却认真地说：“天子无戏言啊！”于是，姬诵只得选择吉日，把叔虞正式封为唐国的诸侯。

唐朝文学家柳宗元还据此写过一篇《桐叶封弟辨》。柳宗元认为，“凡王者之德，在行之何若。”假若开玩笑的话也一定要照办，这就是周公在教成王铸成过错。然而，官员与公民的关系和周公与周成王的关系不同，若是官员的命令，公民全来质疑一下，正常的行政效率就会被破坏。再者说，官员也不是周成王那样的小孩子，说话自然需要谨慎小心，言而有信。

官员作为公众人物，不同于普通人，其言论自然会受到更多的关注和要求，一言一行要三思而后行。必须从讲政治的高度，在工作和生活中，认真自觉地做到慎言。然而遗憾的是，有很多官员口无遮拦，“雷语”频出，极大地影响了公务员群体的社会形象。

其实官员的“雷语”现象由来已久，其中很大一部分，是封建统治者居住于深宫内院，脱离群众所产生的必然恶果。

晋惠帝时，有一年发生饥荒，百姓没有粮食吃，只有挖草根树皮过活，许多百姓因此活活饿死。消息被迅速报到了皇宫中，晋惠帝坐在高高的皇座上听完了大臣的奏报后，大为不解，说：“百姓肚子饿没米饭吃，为什么不去吃肉粥呢？”从此，“何不食肉糜”的典故流传下来，成为昏庸君主的典型。

前秦的皇帝苻生在位期间，长安周边地区虎狼成群，大白天横卧路上，行人不能走路，奇怪的是，猛兽夜里闯入民居，不吃牲畜却专门吃人。一年之间，野兽吃了七百余人，百姓不敢下田耕作，纷纷跑入城邑。百官奏请苻生解决问题，苻生说：“野兽饿了就要吃人，吃饱了不就没事了吗？这有什么好担心的。”还说：“老天派遣猛兽帮我来惩罚刁民。只要不犯罪，又何必怨天尤人呢。”群臣被苻生的话惊得哑口无言。后来苻生在政变中被杀，得了个“厉王”的恶谥。

北宋熙宁四年，东明县在试行“免役法”时，因执行官员欺软怕强，搞权钱交易，于是群众结伙向知县告状。可县令贾蕃不仅不受理，还说：“尔等刁民，官不贪污，何以养家糊口？尔等再闹，必然大刑伺候！”此言一出，犹如火上浇油，事态迅速升级，群众掉头聚集到宰相王安石的私宅，直接向王安石申诉。数百农民“私闯”宰相家，绝对称得上“耸人听闻”。王安石当即表态：“尔等问题，定当妥当处置，务请各自回家！”群众散去后，王安石一边严令东明县迅速、公正解决问题，一边迅速摘下贾蕃的乌纱，立案严办。理由是：“口出狂言，不受民诉，引致京师喧哗。”

官员口出“雷语”，有三个基本原因。一是素质低下，缺乏基本常识，如昏庸的晋惠帝；二是权力嚣张，缺乏制衡，错把“匪气”当了“勇气”，如苻生；三是官德缺失，用自己手中的权力为自己辩解，呈现出权力失范惯性下的骄纵狂妄，如贾蕃。

那么，如何才能做到慎言？曾国藩曾提出过“立言有六禁”：不本至诚，勿言；无益于世，勿言；损益相兼，勿言；后有流弊，勿言；往哲已言，勿袭言；非吾力所及，勿轻言。

首先要胸怀坦荡，实事求是，与人为善。在谈论正事时，要言简意赅；在逸兴闲谈时，切忌蜚短流长。在任何时候，任何场合，都要做到“言必适时，言必适情，言必适度”，不说大话套话空话，不说假话，不传谣诼之言颓废之语，努力做到实话、真话，说健康、文雅的话。

官员面对公众会不会说话，看似是态度问题，是工作作风问题，是工作能力问题，其实根子是思想意识问题。面对民众，要“言之有物”，体察民情，关注民生，反映民意；要“言之有理”，站在正确的政治立场上讲话，按照政策规定讲话，有根有据；要“言之有矩”，严格遵守工作纪律和规范，不该说的绝对不能说；要“言之有情”，通情达理，心平气和，这样才能说出让群众信服的话来。

慎重用权　如履薄冰

夫权者，天下之大利大害也。小人窃之以成其恶，君子用之以济其善。故君子之致权也有道。

——（明）王阳明《与杨邃庵书》

官员履行职责的过程，就是行使公共权力的过程。如何充分用好手中的权力，把自己的能力素质很好地体现到行使权力的过程中，做到既尽职尽责、尽心尽力，又正确用权、依法用权，这是每个领导干部都必须认真思考的。

权力是一种公共资源，体现的是一种委托与被委托的关系，不是属于哪一个人的私有财产。同时，权力又是一把“双刃剑”，掌握权力要承担一定的风险。以权为民，因权扬名；以权谋私，因权身败。正确运用权力，可以造福社会，造福人民；滥用职权，必将贻害社会，贻害人民。

权力具有天生的“腐蚀性”，如果不受监督和限制，就容易滋生腐败。所以，领导干部一定要对权力保持高度的警惕性，谨慎行使自己手中的权力，树立自觉接受监督的意识。即使是在皇权几乎不受约束的封建时代，皇帝也会经常提醒自己不可滥用权力。这就是道德的力量。

汉武帝刘彻是一位具有雄才大略的君主，但晚年听信方士之言，靡费巨资，多次封禅出游，任用江充酿成“巫蛊之祸”，逼死太子刘据和卫皇后，受诛连者数万人。经济上，由于连年对外用兵和肆意挥霍，国库已经空虚。汉武帝用桑弘羊执掌全国财政，实行盐铁垄断专卖，并出卖爵位，允许以钱赎罪，使吏治腐败，广大贫苦农民不堪。军事上，贰师将军李广利兵败投降匈奴。以上种种打击使汉武帝心灰意冷，对自己过去的所作所为颇有悔意。

征和四年，桑弘羊等上书汉武帝，建议在轮台戍兵以备匈奴，汉武帝驳回桑等人的建议，并下诏称“当今务在禁苛暴，止擅赋，力本农。修马政复令以补缺，毋乏武备而已”。史称“轮台罪己诏”。“轮台罪己诏”的发布，使汉朝的统治方针发生转变，重新回到了与民休息、重视发展经济的轨道，从而避免了像秦朝那样迅速败亡的结局。这是中国历史上第一份内容丰富、保存完整的皇帝正式自我批评的文件。此后每当朝廷出现危机、国家遭受天灾、政权处于安危时，贤明的帝王就会发布“罪己诏”进行自省或检讨自己过失，用以自责。

慎重用权，还要避免“新官上任三把火”。不少官员履新后，往往对前任班子制订的规划、决策给予否定，然后另起炉灶，重新拟定执政思路，而且必须与“旧官”划清界线。从积极的意义上说，官员履新时修正政策，是改革创新的契机，避免政策僵化的必要举措。但是不经调查研究，不加任何分析评估就全盘否定，则是“滥权”、“炫权”的表现。在这个方面，西汉名相曹参给后辈做出了好榜样。

汉惠帝二年，相国萧何去世，临死前推荐曹参接替他的位置。曹参为相后，完全遵守萧何制定的规矩办事，一点儿都没有改变。卿大夫以下的官吏和宾客见曹参每天喝酒不干事，就来相国官邸进言。曹参就让他们喝酒，喝醉以后才能离开。结果，大家都找不到说话的机会。

曹参的儿子曹窋任中大夫，听到惠帝责怪相国不治理国事，回家以后就婉转地劝谏父亲。结果曹参用竹板打了曹窋二百下，说："赶快入朝侍奉皇帝，天下的事不是你应当谈论的。"

到了朝拜时，惠帝责备曹参说："为什么处罚曹窋呢？是我让他劝谏你的。"曹参摘下帽子谢罪说："陛下觉得自己和高皇帝比哪一个圣明英武？"惠帝说："我怎么敢与先帝比呢！"曹参又问："陛下看我的能力和萧相国比哪一个更强？"惠帝说："你好像赶不上萧何。"曹参说："陛下说得太对了。高皇帝和萧何已经平定天下，明确法令。现在陛下垂衣拱手而治，我们臣子恪守职责，遵循前代之法，不也可以吗？"惠帝说："好，你歇着去吧。"

曹参任丞相三年，遵照萧何制定好的法规治理国家，政治稳定、经济发展、人民生活日渐提高。他死后，百姓们编了一首歌谣称颂他说："萧何定法律，明白又整齐；曹参接任后，遵守不偏离。施政贵清静，百姓心欢喜。"

权力就是责任，权力越大，责任也就越大。人非圣贤，孰能无过；用权失当，受到损害的往往不是官员自己的利益，而是无辜的民众。这时候，官员应当如何作为呢？

春秋时期的晋国，有一位名叫李离的地方官，他以断案明细公平而盛享贤名。有一年，李离的辖地内发生了一起杀人案，死者是他手下衙役的亲戚，大家都对这个凶手恨之入骨。没几天，衙役就把嫌疑人抓获了。李离一时偏听了下属的一面之词，判处了嫌疑人死罪。后来，另一起凶案的凶手被抓，交待了自己才是前一桩凶案的真正凶手。因为疏忽，害得一个人受冤枉死，李离悔恨万分，无法原谅自己，就上书晋文公，要求晋文公对自己施以严惩。晋文公知道李离一直以来都廉洁奉公，立下了许多功劳，于是从轻处理，罚了他两个月的俸禄。

李离回到衙府后，越想越觉得自己愧对枉死者，愧对百姓，愧对自己的官帽，就给自己写了一张判决书，判决了自己死刑，随后上吊而死。如果每个官员都有李离这样因为失误判处自己死刑的气节，那么遇事也会慎重许多。

如何对待和运用权力，是检验领导干部官德的试金石。权力是把“双刃剑”，正确运用权力，掌权为公，执政为民，就会使权力造福人民；滥用权力，掌权为己，以权谋私，就会使权力造祸人民。因此，领导干部在运用权力时一定要以“如履薄冰、如临深渊”地谨慎行事，正确处理好权力与责任的关系。

谨防顺境　心志懈怠

忧劳可以兴国，逸豫可以亡身，自然之理也。

——（北宋）欧阳修《新五代史·伶官传序》

常常有这样的情形：有人行船，渡过了无数个激流险滩、隐石暗礁，却在开阔平坦的水面沉舟翻船；有人行车，顺利通过了崎岖山间小道，却在宽阔的公路上车毁人亡。究其原因，是他们在困境、险境中谨慎小心，格外警惕，而在顺境中怠心懈志，忘乎所以。

五代时，后唐庄宗李存勖创业伊始，面对强敌，矢志发愤，终于打败后梁，统一中原。但后来因骄纵享乐，身死国灭。春秋时候的吴王夫差也是如此。他的父亲吴王阖闾在攻打越国时伤重而死。为报父仇，夫差励精图治，任用伍子胥练兵，还叫下人站在宫门口，每次他经过宫门的时候，下人就高喊：“夫差！你忘了越王杀你父亲的仇吗？”夫差就流着眼泪说：“不，不敢忘。”终于在两年后，吴国战胜了越国，还俘虏了越王勾践，把勾践夫妇关在宫中做奴隶。接下来吴国又在艾陵打败齐国，在黄池大会诸侯，与晋争霸，适逢晋室内乱，夫差夺得霸主地位。

可是这一连串的胜利冲昏了夫差的头脑。他被勾践的曲意逢迎迷惑，放勾践夫妇回国，不再认为越国是个威胁；不听伍子胥的进言，逼伍子胥自杀；又重用奸臣伯嚭，接受越国赠送的美女西施。最后吴国被东山再起的越国击败，夫差派人向勾践求和，但被越国拒绝了，绝望自杀。

而越王勾践正与夫差相反。他在吴国忍辱负重三年，回国后表面上对吴王服从，但暗中训练精兵，强政励治，等待时机反击吴国。他知道现在的生活比在吴国当奴隶时要舒服很多，害怕自己会贪图眼前的安逸，消磨报仇雪耻的意志，所以他为自己安排艰苦的生活环境。他晚上睡觉不用褥，只铺些柴草，又在屋里挂了一只苦胆，不时会尝尝苦胆的味道，为的就是不忘过去的耻辱。勾践为鼓励民众就和王后与人民一起参与劳动，在越人同心协力之下把越国建设得强大起来，才能在最后找到时机，灭亡吴国。

因此，越是个人成长、进步顺利的时候，越是要保持清醒的头脑。一要“无病早防”。必须“见危于无形，防祸于未萌”，不间断地学习改造，增强思想上的免疫力和抵抗力。二要“人病我防”。从犯错误或犯罪者身上吸取反面的教训，引为鉴戒，省己律身。三要“小病大防”。见微知著，小病大防，这是古今志士仁人修身养性终成大器的共同经验。

人的心理都有一种自动适应的机能，对于绝大多数人而言，只要生活平淡稳定，就会慢慢消磨斗志，变得松懈下来。唯一的办法就是像越王勾践那样卧薪尝胆，砥砺身心。

陶侃是东晋名将，陶渊明的曾祖父，在王敦得势的时候本来是王敦的部下。后来陶侃立了战功，做了荆州刺史。有人妒忌他，在王敦面前说他坏话。王敦把他调到广州做刺史。那时候广州还是偏僻的地区，调到广州实际上是降了他的职。陶侃到了广州，并没有灰心丧气。他每天早晨把一百块砖从书房里搬到房外；到了晚上，又把砖一叠叠搬运到屋里。人们看到他每天这样做，感到很奇怪，忍不住问他为什么这样做。陶侃严肃地说："我虽然身在南方，但心里想的是收复中原。如果闲散惯了，将来国家需要我的时候，还怎么能担当重任呢。所以，我每天借这个练练筋骨。"

王敦失败以后，朝廷才把陶侃提升为征西大将军兼荆州刺史。荆州的百姓听到陶侃回来，都高兴地互相庆贺。官虽然做得大了，可陶侃还是十分小心谨慎。荆州衙门里大大小小的事情，他都要亲自认真检查，从来不放松。他常常对他的部下说："大禹是个圣人，还爱惜一寸光阴。像我们这种普通人，论智慧和能力，都跟大禹差得很远，更应该爱惜每一分光阴，怎能贪图安逸。如果活着对国家没有贡献，死了没有留下什么好名誉，那不是自暴自弃吗?"他部下有些官吏喜欢吃酒赌博，往往因此耽误公事。陶侃知道了非常生气，吩咐人把酒器和赌具都扔到江里去，还把那些官吏鞭打了一顿。从此以后，大家都吓得不敢再赌博喝酒了。

曾子曾经说："吾日三省吾身。为人谋而不忠乎？与朋友交而不信乎？传不习乎?"人都要有这种自省的习惯，才能不被平淡枯燥的工作生活磨灭了志气，从而放松警惕。北宋时的赵叔平特别注重正心克己，不断清除私心杂念。他找来三只瓶，一只装黑豆，一只装白豆。头脑中若有一善念萌生，他就取一个白豆投入空瓶中；若有一点儿私念或恶意，就取一个黑豆投入空瓶中。到了晚间，再把空瓶中的白豆和黑豆倒出来数一数，以检验一天中的善念和私心杂念各有多少。第一天，赵叔平数了数空瓶中的白豆和黑豆，结果是黑豆多而白豆少，知道自己克己修养功夫还差得远。慢慢的，白豆越来越多而黑豆越来越少了。过了一段时间，空瓶中就只有白豆而无黑豆，赵叔平的心中也只有善意而无私心杂念了。

自省本是修身的重要守则和方法，即使别人的批评，也要通过“自我批评”才能起作用。“三省吾身”这还是对一般人而言，官位越高，理事越多，出错的概率就越大。因此，官吏每日六省、十二省亦不为过，需要始终保持“如履薄冰”、“如临深渊”的谨慎、惕励和清醒，经常征询同事、群众的意见，虚心接受批评和自我检讨，把做人与做官统一起来，真正做到为民、务实、清廉。

君子慎独　修身为上

君子戒慎乎其所不睹，恐惧乎其所不闻。莫见乎隐，莫显乎微，故君子慎其独也。

——《小戴礼记·中庸》

所谓“慎独”，是指人们在独自活动无人监督的情况下，凭着高度自觉，按照一定的道德规范行动，而不做任何有违道德信念、做人原则之事。这是进行个人道德修养的重要方法，也是评定一个人道德水准的关键性环节。

《大学》中说：“小人闲居为不善，无所不至。见君子而后厌然，掩其不善，而著其善。”那些没有道德修养的人在独处的时候，无论什么坏事都做得出来。当他们见到那些有道德修养的人，却又躲躲藏藏企图掩盖他们所做的坏事，装出做过好事的模样，设法显示自己的美德。然而每个人审视自己，就好像能从外表直接看到内脏一样，是遮掩不了的。正所谓“诚于中，形于外”，自欺欺人一点用处也没有。所以君子在独处时必然谨慎小心，不会像小人那样放纵自己。

一个人独立工作、无人监督时，有做各种坏事的可能。而做不做坏事，能否做到“慎独”，以及坚持“慎独”所能达到的程度，是衡量人们是否坚持自我修身以及在修身中取得成绩大小的重要标尺。“慎独”作为自我修身方法，不仅在古代的道德实践中发挥过重要作用，而且对今天的社会主义道德建设仍具有重要的现实价值。曾国藩曾经总结自己一生的处世经验，写了著名的“日课四条”，即：慎独、主敬、求仁、习劳。这四条，慎独是根本，是“体”；其他三条是枝叶，是“用”。

慎独不是怕丢人，而是怕丧失人格。元代大学者、国子监祭酒许衡年轻的时候正赶上金元交战，他跟随众人逃难。正好路边有一棵梨树，因为天气炎热，饥渴难耐的人们纷纷去摘梨吃，只有许衡一个人不为所动。这时候有人就问他：“为什么你不摘梨呢?”许衡就说了：“不是自己的梨，怎么可以随便乱摘呢?”那人就笑他迂腐：“世道这么乱，管它是谁的梨?”许衡说：“梨虽无主，我心有主。”有道是“肚子饿是最大的真理”，身为难民，许衡仍然能够做到“义不摘梨”，这实在是一种难能可贵的境界。这种境界，绝非常人所能为。

东汉时，杨震四次调任荆州刺史、东莱太守。上任的时候路过昌邑县，过去他曾推荐的荆州秀才王密正在做昌邑的县令。晚上，王密去拜见杨震，怀中装了十斤金子，送给杨震。杨震说：“我了解你，你不了解我。你怎么能做这样的事呢?”王密说：“天色这么晚了，没有人能知道这件事。”杨震说：“天知道，神知道，我知道，你知道。怎么能说没人知道?”王密羞愧地退出去了。

杨震暮夜却金，妙就妙在“暮夜”二字上。在夜深人静之时，在没有第三者知道的情况下，杨震作为王密的上司，同时又是他的恩师，坚决拒收重金，并且铮铮铁言，这是天理不容，法理不容，人理不容，情理不容的事，其“慎独”的精神可嘉，堪称历代师表。

要慎独首先要顶住诱惑。老子说："见欲而止为德。"独处久了，邪念熏染，警惕性和敏感度便开始降低，鉴别力和自控力开始弱化，是非界限和荣辱观念开始错位，拒腐之心开始融化，不仅不能"见欲而止"，反而纵欲而上，就会一发而不可收，最终滑向犯罪的深渊。

明代时，曹鼐任泰和县典史，在一次捕盗贼的时候，抓到了一名绝色女贼。由于离县衙路途遥远，他押着女贼夜宿在一座庙中。月光下，女贼千方百计地以色相来引诱他。曹鼐为提醒自己抵住诱惑，写了"曹鼐不可"四个字贴在墙上，以随时提醒自己不要失控。过了一会儿，他想："在这荒郊野外，送到嘴边的肉吃了谁能知晓。"于是他把纸撕了下来，欲破门而入。这时，他又感到不妥，这是因私欲而废公法的行为，不能做，退回来又把纸贴上。再过一会儿，他歧念又生，心想："她是犯人，我做了坏事她也不敢说。"于是又把纸撕了下来。可是刚要进门的时候，良知告诉他：这样不行，乘人之危是不道德的行为。又把纸贴了上去。就这样贴了撕，撕了贴，折腾了一晚上，最后，曹鼐终于保住了清白之身。由此可见慎独是很难的，其思想斗争的激烈程度不亚于同盗贼兵刃相见。

如果说懂得顶住诱惑是一种清醒，那么善于顶住诱惑则是一种智慧。它需要以高度的自觉、极大的勇气和坚忍不拔的意志克制自己，与各种消极的东西抗争，向腐朽的东西开火，从而达到"见欲而止"的境界。比如春秋时的贤人柳下惠。相传在一个寒冷的夜晚，柳下惠宿于郭门，有个没有住处的妇女来投宿，柳下惠恐她冻死，叫她坐在怀里，解开外衣把她裹紧，同坐了一夜，并没发生非礼行为。于是柳下惠就被誉为"坐怀不乱"的正人君子。

在新旧体制转换过程中造成的某些空隙以及新的体制、新的观念、新的价值体系、新的规则还不够完备等，都可能为作奸犯科者提供可乘之机。有的人往往在公开场合、集体活动中，在有人监督的时候，能够按章办事，严格要求自己，而在远离组织、无人监督的时候就放松了对自己的约束，放任自己，结果犯了错误。所以对于手中握有人民赋予的大大小小权力的各级官员来说，倡导“慎独”，不断“修身”，无疑是非常必要的。

慎重交友　净化关系

不挟长，不挟贵，不挟兄弟而友。友也者，友其德也，不可以有挟也。

——《孟子·万章下》

“交际之理，其情大矣”。自古以来，国人就将朋友视为最基本、最重要的人际关系之一。俗话说，“一个好汉三个帮”，“在家靠父母，出外靠朋友”。交朋结友，本是人之常情，公职人员自然也不例外。而且领导干部更应该广交各界朋友，宣传政策，团结力量，凝聚人心，带领广大群众为国家和人民的事业艰苦奋斗，开拓进取。但是，取友善人，不可不慎，因为有些“朋友”是瞄着官员手中的权力而来的，他们千方百计和官员交朋友的目的，就是为了谋取非法利益。

关于“慎友”，古人留下很多训诫。诸葛亮在《诫外生书》一文中，要求下一辈“志当存高远，慕先贤，绝情欲，弃疑滞，忍屈伸，去细碎，广咨问，除嫌吝，虽有淹留，何损于美趣，何患于不济。”宋人许棐也说：“与邪佞人交，如雪入墨池，虽融为水，其色愈污；与端方人处，如碳入熏炉，虽化为灰，其香不灭。”可见，朋友的影响是潜移默化的。从某种意义上讲，选择朋友就是选择自己的前程和命运。

朋友有很多种。孔子说："益者三友，友直、友谅，友多闻；损者三友，友便辟，友善柔，友便佞。"明代学者苏宾把朋友分为益友、畏友、昵友、贼友。益友就是"友多闻"，学识渊博，交这种朋友于己有益；畏友就是"友直"、"友谅"，正直诚实；昵友就是酒肉朋友；贼友就是谄媚逢迎，溜须拍马，拉你与其共同作贼，虽然一副伶牙俐齿，上门送礼送物，却是害人不浅。

管仲与鲍叔牙是历史上一对有名的朋友，二人不仅友善而且相知。后人把这种朋友叫做"管鲍之交"。

年轻的时候，管仲和鲍叔牙一起做生意。赚了钱，管仲总是多分给自己，少分给鲍叔牙。有人背地议论说"管仲贪财"，鲍叔牙还替管仲辩解说："管仲不是贪图金钱。他这样做是因为家中贫困，多分给他钱我是情愿的。"后来两个人参军，管仲三次都从阵上逃跑回来。有人讥笑他说"管仲贪生怕死"。鲍叔牙又向人们解释说："管仲不是怕死，而是因为他家有年迈的母亲，全靠他一人供养，所以不得不那样做。"再后来二人各为其主，鲍叔牙辅佐公子小白当了君主，是为齐桓公；管仲却失败被擒，关在监狱里。鲍叔牙就向齐桓公推荐管仲为相，说管仲比自己强得多，这才有了管仲辅佐齐桓公成就霸业。晚年的时候，管仲还念念不忘鲍叔牙的友情，说："生我者父母，知我者鲍子也！"

可是管仲临终以前，齐桓公问他谁可以接替他的职位，管仲说了几个人，却没有推荐鲍叔牙。齐桓公大为不解。管仲对齐桓公说："鲍叔牙了这个人实在了不起，气度非常大，可是他嫉恶如仇。为相治国要能藏垢纳污，鲍叔牙太清高了，不能包容坏的一面。如让他为相，害了你，也害了他。"鲍叔牙听了也很高兴，认为只有管仲了解他。

交友要辨贤劣，以善心交"善友"。管仲遇到鲍叔牙，李白遇到杜甫，都是终生为友，互促长进。若是遇到不好的朋友，也要小心谨慎，不要"近墨者黑"。

三国时，管宁和华歆同学读书，二人十分友好。有一天，二人在山坡上菜园里锄地。管宁在前，突然锄出一块金子，熠熠闪光。但管宁视之如瓦砾，弃于一旁。华歆上前拾起来看了看，然后又把它扔了。又一天，二人同席读书，有位达官显贵坐着豪华的轿子，前呼后拥地从门前经过。管宁对此置若罔闻，依然专心读书，而华歆却扔下书册跑去观看，且面露羡慕之色。管宁认为华歆是个注重功名利禄的人，不能与其为伍。等华歆回来后，管宁就把座席割开，说："子非吾友也。"

可以说，交友是一种生活环境的选择，所谓"惟君子必于贤于己者处"。官员交友，更应该讲"品位"，不交庸俗下流之辈，不交贪财奸佞之徒，周围应当有直言相谏的诤友，应当有可以出谋划策、辅助工作的益友，应当有砥砺斗志、共同提高的"师友"。为了事业的大义，志同道合，互相信赖，才算是交上了好朋友，为自己的工作和生活营造健康有益的氛围。

领导干部交朋友，也是工作作风、价值观念的体现。有些官员热衷于交"富朋友"，却不愿意到贫困偏僻的山村交"穷朋友"；有些人还觉得"官贵民贱"，热衷于交"门当户对"的"官朋友"；有的热衷于攀附能决定自己升降去留、穷达沉浮的上级和领导，热衷于向上交朋友；有的在单位上拉拉扯扯、亲亲疏疏，对同事对下属厚此薄彼，借交朋友划"小圈子"，结"关系网"。这些都是应该在自查自省过程中予以解决的思想问题。

正派而谨慎地交朋友，是个人品行和修养，也是处世作风和境界的体现。领导干部交友应以原则为重，以事业为谋，慎重对待社会交往，注意净化自己的社交圈、生活圈和朋友圈，善交益友、乐交诤友、不交损友，才能真正达到交朋友的目的，体会到交友的人生享受。如果国家工作人员在这个问题上不能保持清醒头脑，整天沉溺于"朋友"们的阿谀奉承之中，必然放松思想警惕，对是非变得麻木不仁，最终麻痹大意，逐渐被引上邪路。各级领导干部和国家工作人员必须时刻警醒自己，从小事，从细微处严格要求自己，守住“慎友”的关键环节，不让别有用心的人有可乘之机。

慎终不坠　保持晚节

慎终如始，则无败事。

——《道德经·第六十四》

一日得失看黄昏，一生成败看晚节；善始不易，善终更难。一些勤勤恳恳、兢兢业业地为人民工作了大半辈子的官员，在即将退休安度晚年之时，却因私欲膨胀，走上了违法犯罪的不归路。唐朝名相魏征认为“善始者实繁，善终者盖寡”。一个人做到慎始并不难，难的始终如一。很多时候，从公仆到贪官只是一念之差，从功臣到罪犯往往也只有一步之遥，一失足成千古恨，这样的教训不胜枚举。

明代张居正当政之初，曾制定过一个官员出差住行的规章——《给驿条例》，其中规定官员非公外出、奔丧不得住驿站，因公外出不得超用车马，不得借出差旅游会友，不得利用职权沿途索礼受礼，不得向乡里进行摊派等。开始张居正带头执行。他的儿子自己雇车回江陵应试；父亲过生日，他吩咐仆人背着寿礼，骑驴回去祝寿，特吩咐不得住驿站。

但后来随着权势越来越大，那些清规戒律张居正就不放在眼里了。回乡葬父时，他坐的是河北真定知府钱普送给他的特制大轿，轿子里珠玉帷幔，卧室、工作室、卫生间应有尽有，要三十二个健壮的轿夫才能抬得起来。更离谱的是，蓟州总督戚继光专门挑选了24个火枪手和24个弓箭手为张居正担任亲兵卫队。队伍中还有无数的随从、护卫、旗仗，浩浩荡荡，威风无限。所到之处，沿途地方官员出迎数十里，一律跪拜迎接，还要呈上奠金。这样的排场，弄得上下议论纷纷，最终也成为他死后遭到清算的罪证。

孔子说："君子有三戒：少之时，血气未定，戒之在色；及其壮也，血气方刚，戒之在斗；及其老也，血气既衰，戒之在得。"所谓"得"，指的就是功名利禄。人到了老年，生理和心理开始老化，政治洞察力和辨别是非的敏锐性降低，对于欲望的危害或陷阱，往往在年轻时可以轻易识破，由于老年反应的迟钝，就难以做到防范。对欲望的贪求容易只看到如何满足欲望的一面，忽视欲望的危害性的一面；容易只看到"得"，难以认识其背后的"失"。

清朝初期的张廷玉，为官历康熙、雍正、乾隆三代，一生奉行"万言万当，不如一默"的箴言，谨小慎微，从不做逾矩之事，对待名利更显淡薄。观其一生，算得上是"无错无过"，雍正赞其"器量纯正，抒诚供职"，遗诏"命他日配享太庙"，打破了汉族大臣不配享太庙的礼法，而"终清世，汉大臣配享太庙，惟廷玉一人而已"。

然而，张廷玉在晚年却犯了个大错。乾隆十四年，张廷玉致仕，临别登舟之时，对能否配享太庙一事不大放心，于是向乾隆"乞上一言为券"，让皇帝给自己立个字据。这种亘古未有的要求自然惹得乾隆皇帝大怒，命令削去张廷玉的爵位，把历年颁赐之物全部收缴。虽然张廷玉死后，乾隆命令仍遵雍正遗诏，将张廷玉配享太庙，但是"盖棺定论"的谥号却只是"文和"，而不是最高等的"文正"。二十年后，乾隆还对此事耿耿于怀，说："古所谓老而戒得，朕以廷玉之戒为戒，且为廷玉惜之。"

应该说，人到老年，对于名誉、权力的得失计较，要大于对财富的追求。这是因为，人到老年，财富的贪欲已经基本满足余生的需求。而由于离开工作岗位，权力的失落感、社交范围的失落感、被重视的失落感增大。这就容易使老年人特别在乎、计较，刻意追求名誉权力的自我感觉，特别在意社会议论方面的得失，特别在意自己在社会中的位置，特别在意自己是否还被人们重视。这就造成了部分老年官员恋栈权力，不愿退休的现象。

古代官员的法定退休年龄是七十岁，到年龄便可辞官归乡，颐养晚年。官员一到退休年龄大都自觉请辞，有的甚至年龄还不到，也主动让贤。明朝的开国功臣刘基，辅佐朱元璋平定天下，但他并不居功自傲，也深知“伴君如伴虎”的道理。于是在洪武四年，他刚满60岁就要求退休，还写了一首打油诗表明心志：“买条黄牛学种田，结间茅屋傍林泉。因思老去无多日，且向山中过几年。为吏为官皆是梦，能诗能酒总神仙。世间万事都增价，老了文章不值钱。”朱元璋很高兴地派人把他送回了家乡，还给了不少赏赐。

还有南朝梁代的陶弘景，36岁便提前退休，自号“华阳隐居”，过起了逍遥的隐居生活。梁武帝即位后，派人请他出山做官，陶弘景便画了两头牛，一头牛悠闲自在地吃草，另一头却被人套着笼头，牵着鼻子鞭打驱使。他还在画上写了首诗：“眼前流水自悠悠，歇卧偷闲恋绿畴。笑看金笼牵鼻去，等闲落得用鞭抽。”陶弘景借画和诗表明自己归隐山林的决心。梁武帝一看，深知其意，虽没有要求他出来为官，但还是经常以书信方式向他请教朝廷大事。因此，陶弘景被人称作“山中宰相”。

现在的法律规定了公务员的正常退休制度，但是有的领导干部临近退职、退休之时，不是留恋工作，而是迷恋权力。其实，要真正的“为人民服务”，无论在什么岗位上都可以做得到，领导干部退下来，一样可以“发挥余热”，做些对社会有贡献的事，又何必在意名位呢？

对于手握公权的领导干部来说，无论何时何地，都必须保持清醒的头脑，珍惜人民给予自己的荣誉和地位，小心谨慎地走好人生的每一个台阶，越到功成身退之际，越要“珍重晚来风景好，黄花老圃殿高秋”，时刻提醒自己“慎终如初”，切实站好最后一班岗，光荣退休，为自己的职业生涯划上一个圆满的句号。

克骄防矜　敬天畏民

畏则不敢肆而德以成，无畏则从其所欲而及于祸。

——（明）吕坤《呻吟语》

人们常常将“谦虚”与“谨慎”并提。要想谨慎，必须谦虚，内心骄傲的人自然行为狂妄。管仲说：“强而骄者损其强，弱而骄者亟死亡；强而卑义信其强，弱而卑义免于罪。是故骄之余卑，卑之余骄。”一个谦虚的人，才能有自知之明，能够比较清醒地认识自己的优点和缺点，能够虚心接受别人的意见，能够正确处理个人和他人、个人和集体的关系，只有这样，观察事物才能深入细致，分析问题才能缜密周全，待人接物才能热情而不轻浮。

谦虚的对立面是骄傲自满。骄傲自满的人自以为了不起，看不起别人，听不进批评意见，不接受新事物，有了点成绩就停步不前，盛气凌人，走上领导岗位或者职务提升了，就“官升脾气长”。骄傲自满是一个可怕的陷阱，使人不能自拔，以致招来失败的祸殃。《三国演义》中马谡失街亭和关公走麦城的故事，使人颇得教益。马谡为什么会丢掉战略要地街亭呢？是他不谙兵法、平庸无能吗？不是。此人熟读兵法，才气过人，平素深受诸葛亮器重。当司马懿的大军向街亭推进时，马谡自告奋勇，请求带兵前去镇守。行前，他听不进诸葛亮对作战形势深谋远虑的分析，自恃“某自幼熟读兵书，颇知兵法，岂一街亭不能守耶”。及至街亭，又骄傲轻敌，违背诸葛亮所指授的具体作战部署，并拒绝接受副将王平的正确意见。结果街亭失守，毁掉了诸葛亮进军中原的大计，导致了诸葛亮“挥泪斩马谡”的悲剧。曾经“过五关斩六将”的关羽，文武双全，勇冠三军，但他骄傲自大，目中无人。东吴的大将陆逊、吕蒙正是利用了关羽这个弱点，设下“骄其心，懈其备”以取荆州的巧计，使关羽落得败走麦城、身首异处的可悲结局。

因此，为官要以谦虚为本。王阳明说：“今人病痛，大段只是傲。千罪百恶，皆从傲上来。傲则自高自是，不肯居下人。故为子而傲，必不能孝；为弟而傲，必不能悌；为臣而傲，必不能忠。象之不仁，丹朱之不肖，皆只是一‘傲’字，便结果了一生，做个极恶大罪的人，更无解救得处。汝曹为学，先要除此病根，方才有步可进。‘傲’之反为‘谦’。‘谦’字便是对症之药。非但是外貌卑逊，须是中心恭敬，撙节退让，常见自己不是，真能虚已受人。故为子而谦，斯能孝；为弟而谦，斯能悌；为臣而谦，斯能忠。尧舜之圣，只是谦到至诚处，便是允恭克让，温恭允塞也。汝曹勉之敬之，其毋若伯鲁之简哉！”

王阳明所说的“伯鲁”，是春秋时赵简子的长子，还有个弟弟叫无恤。赵简子不知道立谁为继承人好，于是写了训诫在两片竹简上，交给两个儿子，说：“要记住。”三年后问他们，伯鲁已经不能说出上面的话了。问他“竹简哪里去了”，回说“已经丢失了”。再问无恤，却能熟练地背诵训诫，问他的竹简在哪里，就从袖子中拿出竹简呈给赵简子。于是赵简子认为无恤是贤能的，立他为继承人，就是赵襄子。后来，赵襄子果然使赵国昌盛起来。伯鲁连父亲交给的重要竹简都能弄丢，自然与谨慎无缘，也就没有为政的能力。

孔子也特别欣赏谦虚的人。有一次，他带着学生到鲁桓公的宗庙里参观，看到了一个倾斜的酒器，觉得很奇怪，于是就向庙里管香火的人打听。管香火的人告诉他，这是欹器。孔子指着欹器对学生们说："我听说过这种器物。欹器空着的时候就倾斜，把酒或水倒进去，到一半的时候就直立起来，装满了就又会倾斜。所以，过去齐桓公总是把欹器放在他座位的右侧，用来警戒自己决不可以骄傲自满。自满就会像欹器里装满了水，必然要倾斜倒覆。"说完，他就让学生取来水倒进欹器。果然一切正如孔子所说的一样。孔子又对学生说："读书也是一样，你们一定要牢牢记住。"

孔子的大弟子子路性格直率，过于鲁莽。孔子虽然很喜欢他，但是也常常批评教训他。有一次，子路、曾哲、冉有、公西华四个人陪孔子闲坐，孔子说："你们平时总是说没人赏识你们，假如有人赏识提拔你们，你们打算怎么办呢？"子路急忙回答说："一个拥有一千辆兵车，夹在大国之间，加上外国军队的侵犯，甚至还赶上荒年的国家，如果让我去治理，只需用三年的工夫，我就可以使人人勇敢善战，而且还懂得做人的道理。"孔子听了微微一笑，说："治理国家要讲礼让，可是，子路说话却一点不谦让，怎么能治理好国家呢？"

《尚书》说："满招损，谦受益。"意思是骄傲自满会招来损害，谦虚谨慎能得到益处。然而，一些官员或居功自傲，或无功而傲。明末清初学者唐甄在《潜书》中说："众人之傲，在可见之貌；圣贤之傲，在不见之微。意念之间，自足而见其足，过人而见其过人，是即气傲矣。足而不以为不足，过人而不以为不及人，是即傲矣。"在唐甄看来，"傲"是一种非常明显的张狂之气，是不可取的。

要想谦虚而不狂妄，关键是要有所敬畏。孔子说君子有三畏：畏天命，畏大人，畏圣人之言。从宋太宗起，以至清末，各级衙门都立有一块“戒石”，上刻“戒石铭”以警戒官员：“尔禄尔俸，民脂民膏；下民易虐，上天难欺。”现在的官员所应当敬畏的不是天命，而是原本“易虐”的“下民”。因为官员手中的权力是人民赋予的，只有克骄防矜，谨慎对待手中的权力和肩上的责任，才能完成人民的重托，否则必将失去民心，身败名裂。

第七章
Chapter 7

仁

以民为本　仁爱惠民

仁爱是官德的内涵。“仁者爱人”，是中国传统美德的重要内容，也是构建和谐社会的道德理念。领导干部应心怀仁慈和悲悯之心。官员应当关心民瘼，不能对百姓疾苦麻木不仁。只有为百姓办实事、解难题，只有同甘苦、共患难，才能同心合力实现国家复兴的伟业。

以民为本　本固邦宁

民惟国本，本固邦宁。

——《尚书·五子之歌》

中国自古就有重民、爱民、养民的传统，是我国政治思想之一大特色。这种民本传统一直延续着、发展着，对我国的官员道德要求产生了深远的影响。

《晏子春秋》记载了晏婴与叔向的一段对话。

叔向问晏子："世乱不遵道，上辟不用义；正行则民遗，曲行则道废，正行而遗民乎？与持民而遗道乎？此二者之于行，何如?"

晏子说："婴闻之，卑而不失尊，曲而不失正者，以民为本也。苟持民矣，安有遗道！苟遗民矣，安有正行焉！"

这可以说是"以民为本"思想的渊源。

中国民本观念历经了先秦子学、两汉经学、魏晋玄学、宋明理学以及明清实学的发展，民本理念一步步深入人心，并不断地影响着人们的思想观念，尤其是对行政官员的影响尤为深刻，并由此引发了中国当代官员行政之时的道德考量。"为官为何"与"为何为官"的问题总是引发着为官者的思考，这与中国古代民本思想的"民何以为本"和"民无不为本"两个方面是一体两面的。这两个方面不断考量着官员行政之时的道德观。

树立民本理念，关键在于养民之欲，给人之求，即满足人们的物质欲望。这对于提升人民地位是至关重要的。就官员而论，时存养民理念，这是夯实官德的理论基础，是提升官德的道德之本。

作为政府官员，首先必须满足人民之吃、穿、住等基本物质需求，如此才能真正实现人民的基础性地位，这也是为官者行政能力与行政伦理提升的表现。因为提升、满足人民的物质生活需求，本身即是善举，是官员德性的外显。故此，从官员的角度来说，人民的欲望的满足，须以养民之欲为基本出发点，然后在此基础之上，不断提高民生，提升民众的幸福指数。

就官员本身而言，其宗旨在于为民服务，满足人们的物质欲求，提升人民的生活水准，让民过上体面的、有尊严的生活。富民裕民是其首要的目标。作为一名官员，连民众的最起码的生活标准、物质欲求都不能满足的话，那么他就枉为人民之官。民以食为天，为官者要尽自己的责任与义务，切实给人之求，养民之欲，树立养民理念，如此方能切实实现民本，彰显执政者之官德。执政者肩负着养民之欲的重任，因为只有在满足民之基本物质欲望的前提下，执政者自身的价值才能真正凸显出来，社会才能更加和谐与稳定。

在古代社会，荀子是真正具有积极的民本理念、倡导养民之欲的思想家。

荀子认为，天下之人，不论是普通百姓还是达官贵人，他们在对待物质欲望方面均有相同的心态：希望欲而可得。在荀子看来，人都有趋利避害的一面，都有满足感官欲望的共性要求。人的这种物质欲望，上至天子、圣人，下至贫民、百姓，他们的心境均是一致的。因为“天下之人同此心，同此性，同此达道”。人在欲望方面是有其共性的。作为常理中的人，想吃最美味的食物，穿最漂亮的衣服，住最宽敞的房屋，开最豪华的汽车等，均是人之常情，这无可厚非。荀子还说：“夫人之情，目欲綦色，耳欲綦声，口欲綦味，鼻欲綦臭，心欲綦佚。此五綦者，人情之所必不免也。”同时也指出“食欲有刍豢，衣欲有文绣，行欲有舆马”。为官者要理性地面对这些欲望，因为这些欲望均是正常的基本生理欲求，是不能压抑的。诚如荀子所言，“重色而衣之，重味而食之，重财物而制之，合天下而君之；饮食甚厚，声乐甚大，台榭甚高，园囿甚广，臣使诸侯，一天下，是又人情之所同欲也。”

欲望是人之常情，是不能遏制的，关键是如何来满足人的这种欲求，这就给执政者提出了新的挑战。为官一时，就要为民办事，就要满足民众物质上的需求，如此方能为民本打下扎实的基础。古代社会有“凡治国之道，必先富民”和“治国之道，富民为始”的箴言。虽然古代社会的富民思想有一定的功利性目的，其让百姓富裕是为了维持社会政治的稳定与和谐，以确保执政者统治的长期性、稳定性，但也间接地保障了民众的利益，提高了民众的生活水平，促进了民本思想的发展。现代民本思想，虽然扬弃了古代民本的功利性目的，但富民裕民的目标没有改变。为官一方，首先要通过一系列的施政措施，不断提高百姓的生活水平，让百姓过上富裕的生活，如此才能赢得民心，赢得百姓的拥护和爱戴。

为官者在树立养民理念之时也就彰显了其官德。只有在官员执政为民的前提与基础之下，才能确实提升民之生活，提升民之幸福指数。要切实提升养民理念，就需要领导干部“在任何时候任何情况下，与人民群众同呼吸共命运的立场不能变，全心全意为人民服务的宗旨不能忘，坚信群众是真正英雄的历史唯物主义观点不能丢”，“始终把体现人民群众的意志和利益作为我们一切工作的出发点和归宿”。因此，领导干部一定要树立养民理念：给民之求，养民之欲，实现执政为民，不断提升民之幸福指数。

重农固本　以食为天

农为国家急务。所以顺天养财、御水旱、制蛮夷之原本也。

——（元）脱脱《宋史·钱彦远传》

农业为我们提供了最基本的物质生活资料。古代社会民本思想的实现程度和是否重农及是否以农为本有很大的关系，因为古代社会是以农业为主的社会，农民占了社会成员的绝大多数。因此，在古代社会，执政者重农，以农为本，其实就是重民，以民为本。管子曰：“明王之务，在于强本事，去无用，然后民可富。”言外之意就是农民实现了富裕，国家也就实现了强大，为官者也就实现了以民为本。

贾思勰是中国古代杰出农学家，出生在一个世代务农的书香门第。贾思勰青年时代，正值北魏孝文帝所倡孝文汉化运动的高峰，朝廷议政以农为首，督办农业，违者免官。太和九年又实行均田制，把无主荒地分给无地或少地农民耕种，规定种植五谷和瓜果蔬菜，植树造林。

贾思勰曾担任过高阳太守。那时社会动荡、战乱频仍，正值北魏由经济繁荣、社会安定走向经济衰落、政治腐败的时期，他深感恢复国民经济、保障人民生活对巩固政权实为必要。因此，他十分注重对农业生产技术和经验的总结。自高阳太守卸任后，贾思勰就开始致力于农学研究，足迹遍至今河南、山西、河北、山东等地。考察归来后，与普通老百姓一样，亲自参加农业和畜牧业劳动，积累了丰富的实践经验。他将自己积累的许多古书上的农业技术资料、询问老农获得的丰富经验、以及他自己的亲身实践，加以分析、整理、总结，写成农业科学技术巨作

《齐民要术》一书。

“食为政首”是贯穿于《齐民要术》的主导思想，正如序文所言“起自农耕，终于醯醢，资生之业，靡不毕书。”书中举凡五谷、瓜果、蔬菜、树木的栽培，牲畜、家禽、养鱼，酒、酱、醋、饼、饭、饴、糖等食物的制作，以及煮胶、造墨的方法等，均有论述。自《齐民要术》推出后，引起历代政府重视。明代王廷相称它为“惠民之政，训农裕国之术”，唐、宋以来出现不少农书，无不以它为范本。

古代社会非常重视农业，因为农业乃民本的基础。墨子说“农事缓则贫”。在当时社会生产力比较落后的情况下，耽误了农事，就会导致民众贫困。管仲也非常重视农业，他说：“昔者，七十九代之君，法制不一，号令不同，然俱王天下者，何也？必国富而粟多也。夫富国多粟，生于农，故先王贵之。凡为国之急者，必先禁末作文巧；末作文巧禁，则民无所游食；民无所游食，则必事农；民事农，则田垦；田垦，则粟多；粟多，则国富；国富者兵强；兵强者战胜；战胜者地广。是以先王知众民强兵、广地富国之必生于粟也，故禁末作，止奇巧，而利农事。今为末作奇巧者，一日作而五日食，农夫终岁之作，不足以自食也；然则民舍本事而事末作，舍本事而事末作，则田荒而国贫矣。”管仲从国家强盛、富民裕民的角度详细地阐释了为官为何要以农业为第一要务。在中国古代，以民为本就是以农为本，这是提升民之幸福指数的基础；而在当代社会，以民为本仍要重视农业，因为只有重视农业，才能满足民众的基本生活的需求，才能带来物质财富的增长，才能不断提升民之幸福指数。

不管社会如何发展，我们的生存、生活条件如何变化，都不能改变农业的基础性地位。我国目前仍是一个传统的农业大国，农业人口占据了人口的绝大多数，农业在整个国家经济中仍具有非常重要的地位。在中国特殊的国情下，官员欲以民为本，必须重视农业，重视农民。

以农为本，增长物质财富，这是裕民之道。要实现以农为本，还必须重视农耕之“时”，不误农时。所谓“时”，即指农业生产的季节性问题。为官者要富民裕民，就要注意不误农时，使民以时。荀子曰：“罕兴力役，无夺农时。”此言涵盖两层意思：其一，不要过多地让民众从事苦力劳役，因为这种劳役会让百姓鲜有时间从事农业生产，从而耽误农时。其二，不要在适宜农业生产的时候剥夺民众的农时，剥夺农时，违背了自然规律则不可能有好的收成。“不违农时，谷不可胜食也，数罟不入洿池，鱼鳖不可胜食也；斧斤以时入山林，林木不可胜用也。谷与鱼鳖不可胜食，林木不可胜用，是使民养生丧死无憾，王道之始也”。可见，不违农时，可以实现五谷丰登，有利于富民裕民。当前中国正稳步推进城市化进程，伴随着城市化进程的加快，民众的生活水平得到了改善，确实体现了民本思想。但就目前的状况来看，为了推进农村的城镇化建设，一些地方官员在征地拆迁过程中，荒废了土地，耽误了农时，违背了民本的初衷。有些土地被地方政府征收后，并未得到及时、有效的利用，造成了土地的大片闲置和荒废，国家无疑蒙受了巨大的损失。

以农为本，必须不违背农时，如此方能实现群众利益。官员务必要知道“夺其民时，使不得耕耨以养父母”的危害性，要知道为官民本，“务在四时，守在仓廪”，如此方能富民裕民，实现民本，凸显为官民本的道德内蕴。

农业兴则基础牢，农村稳则天下安，农民富则天下富。为官民本，必然要重视农业，要通过种种措施，提高农民生产的积极性，加快农村的发展，以提高农民的生活水平，让农民早日过上富裕幸福的日子。如此，方能真正体现以民为本。

以政裕民　为民造福

政之急者，莫大于使民富且寿也。

——《孔子家语·观周》

作为执政者，必然要“以政裕民”，因为富民是为官者的道德责任与道德义务。官员应通过合理的政策，以政府行为的方式使民众富裕起来，这是官德的体现。

管仲认为，兴盛官德有六条基本途径：“辟田畴，利坛宅。修树蓺，劝士民，勉稼穑，修墙屋，此谓厚其生。发伏利，输墆积修道途，便关市，慎将宿，此谓输之以财。导水潦，利陂沟，决潘渚，溃泥滞，通郁闭，慎津梁，此谓遗之以利，薄征敛，轻征赋，弛刑罚，赦罪戾，宥小过，此谓宽其政。养长老，慈幼孤，恤鳏寡，问疾病，吊祸丧，此谓匡其急。衣冻寒。食饥渴，匡贫窭，振罢露。资乏绝，此谓振其穷。”

管子详细地阐释了如何从物质利益层面和制度层面以政裕民。这六条途径告诉为官者，应如何从经济建设层面实现以民为本，应如何为民谋求物质利益。如果官员能做到这六点，那么以民为本就能顺利实现：“凡此六者，德之兴也。六者既布，则民之所欲，无不得矣。夫民必得其所欲，然后听上；听上，然后政可善为也。故曰：德不可不兴也。”如若能做到这六条，那么人民的物质欲望就无不能实现，精神需求亦无不能得到满足。民众在物质生活得到满足以后，其道德素养亦可得以提升，即是“仓廪实则知礼节，衣食足则知荣辱”的和合之境。

对于如何实现富民裕民之道，不同思想家对这个问题有不同的回答。韩非子认为实现富民裕民之道的关键在于“无事”。其一指的是没有战事；其二指的是让老百姓过自由自在的生活，为官者不要过多干预，如此，百姓才能集中精力创造财富。而荀子富民裕民之道的关键在于“养民”：要减少农业、关卡集市之税率，对经商之人进行削减，不耽误农时，这样民众就能富裕起来。

三国时，颜斐担任京兆太守。京兆这个地方自从被马超攻破后，百姓大多不专心于务农，马超又让这些人上缴两千石粮食，只为了解决目前所需求的，也不为百姓作久远计划。颜斐到任后，就让下属的县修整田亩，种桑树果树。当时百姓大多没有大车和耕牛。颜斐命令百姓每个月都砍伐一些做车的材料，让他们找工匠赶制大车。又督促没有牛的百姓，让他们养猪和狗，卖了得以买牛。一开始百姓觉得麻烦，结果过了一二年，家家有了大车、耕牛。

颜斐又兴办文学，想读书的官吏百姓都可以免除徭役。又在府下开菜园，让仆役间或管理一下。又督促应当交租的百姓各个在车牛上顺便带两捆柴禾，作为冬天寒冷时烤笔砚的用途。于是风化大力推行起来，官吏不烦扰百姓，百姓也不求官吏。京兆与冯翊、扶风两地接壤，二郡道路又脏又堵塞，田地又荒芜，百姓饥寒交迫，而京兆地方都整顿开明，物产之丰富成为雍州十郡之最。颜斐又是两袖清风，官禄仅供奉养家人而已。所以，当地人民很怕他调往别处。

要践行以民为本，就必须为民办实事，少说多做，以积极、认真的态度对待民众，尤其是面对一些关涉到民生的事情时，应及时认真地完成，不应该拖沓，避免效率低下。李冰父子修建都江堰就是办实事，让百姓受到恩惠的典型例子。

两千多年前的蜀地，干旱则赤地一片，内涝则一望无际，水旱交替吞噬着蜀郡人的幸福。秦孝文王任命李冰为蜀郡太守。知晓天文地理的李冰，为蜀郡的发展做出了杰出贡献。李冰到达蜀郡以后，便着手治水。他和他的儿子以及其他有经验的农民通过实地考察和调研，找出了问题的症结所在。

治水的工作主要分为三个大方面：开凿玉垒山、筑都江堰和淘滩。岷江是长江上游的一条支流，发源于成都平原的北部，沿江两岸谷深山高、水流湍急，一到下游的灌县附近，则一马平川。岷江下游长年泥沙堆积堵塞，水流不畅，致使河床水位不断抬升，下游水患成灾。李冰父子经过勘察之后，认识到水位不能东流，是因为玉垒山的阻碍所致，于是他们采用了火烧石头再浇灌冷水的办法，运用石头高温突遇冷易碎裂的原理，终于将玉垒山凿开一个缺口，使岷江水顺畅东流。然后，李冰父子又就地取材，筑都江堰。他们利用竹工编织的极大的竹笼，装上卵石，沉入江心，使其成为分水大堰。如此，则让岷江之水分成两个部分，一部分往东流，另一部分则往西流，灌溉与泄洪兼顾。此外，李冰父子还将坝前的沙子淘干净，使沙子不再成为岷江之水改道的阻碍。

李冰父子治水成功，将整个成都平原变成了“天府之国”。都江堰的水利功效到今天依然能够体现。从李冰父子身上，我们感受到为民众服务，就要切实行动起来，且不是单纯地从物质上对民众予以接济，而是要更多地从自然之理的角度，为民造福，躬行实践。

以民为本，在很大层面上依赖于行。有某些官员嘴中说着“要以民为本，为民谋利，为民办实事、办好事”，可行动上却相去甚远。少数官员是“语言的巨人，行动的矮子”，面子功夫做得好，而背后却把承诺民之事抛到了九霄云外。

敏惠是一种美德，亦是为官民本的道德意境。作为一名人民公仆，应该用自己的实际行动来证明一切，表明自己为民办事的态度和速度，切忌夸夸其谈而没有任何实际行动。只有为民办事的态度认真仔细，为民办事的速度积极迅速，方能实现真正的民本。

爱民若子　广施仁德

民之所好好之，民之所恶恶之，此之谓民之父母。

——《礼记·大学》

爱民若子是民本的最高境界。为官之人应处理好自己与民众之间的关系。孟子说："君之视臣如手足，则臣视君如腹心；君之视臣如犬马，则臣视君如同人；君之视臣如土芥，则臣视君如寇仇。"这里所说的君与臣之间的关系，可以推演为官与民之间的关系：官员对待民众像对自己手足一样爱护，那民众就会把官员当做推心置腹的长辈而乐意效劳；官员把民众看成犬马，那民众就会把官员当做陌路人；官员如若把民众视为泥土草芥，一文不值，任意践踏，那民众就会视官员为敌寇和仇人，伺机反抗和报复。可见，要想民众尊重官员，官员必须首先尊重民众。官与民之间若能相互尊重，互爱互利，如此则可其乐融融。

墨子认为："天下之人皆相爱，强不执弱，众不劫寡，富不侮贫，贵不敖贱，诈不欺愚。凡天下祸篡怨恨可使毋起者，以相爱生也。"荀子也说："民不亲不爱而求其为己用、为己死，不可得也。民不为己用、不为己死，而求兵之劲、城之固，不可得也。"此言表明如若官员不以民为本，则民众不可能对官员有深厚的情感，并为之奉献自己的力量，更不用说奉献自己的生命。为官之人应视民如子，以民为本，则民亲爱之；如若疏忽民众，视民众如仇敌，则民疏远之。管子也说过："莅民如父母，则民亲爱之。道之纯厚，遇之有实，虽不言曰吾亲民，而民亲矣。莅民如仇雠，则民疏之。道之不厚，遇之无实，诈伪并起，虽言曰吾亲民，民不亲也。”可见，官员尊重民众，民众就会尊重官员；官员视民如子，民众就会视官员为父母官。官与民之间应该保持互敬互爱、和谐互利的关系，如此才有可能实现国家的政治稳定。

所谓“医者父母心”，又说“不为良相但为良医”。可见古代传统中官员要有“医世济民”的胸怀。恰恰有一位身兼官员与医生两种角色的人，给后人树立了光辉的榜样。他就是有“医圣”之称的张仲景。

张仲景生在汉末纷乱之世，社会道德沦丧，疾病流行，给人民带来了莫大的灾难。目击惨状，他抱着救死扶伤的精神，立志学习医术，以解除人民大众的疾苦。在《伤寒论》自序中他说：“余宗族素多，向余二百，建安纪年以来，犹未十稔，其死者三分有二，伤寒十居其七，感往昔之沦丧，伤横夭之莫救。”因此，他“勤求古训，博采众方”，研读《素问》、《难经》等医学典籍，并结合了自己的临床经验，写出了《伤寒杂病论》16卷，创造了辨证论治的治疗法则。

汉灵帝时，张仲景举孝廉为官。在任长沙太守期间，正值疫疠流行，许多贫苦百姓慕名前来求医。他一反封建官吏的官老爷作风，对前来求医者总是热情接待，细心诊治，从不拒绝。开始，他是在处理完公务之后，在后堂或自己家中给人治病。后来，由于前来治病者越来越多，使他接应不暇，于是，干脆把诊所搬到了长沙大堂，公开坐堂应诊，首创了名医坐大堂的先例。他的这一举动，被传为千古佳话。后来，人们为了怀念张仲景，便把坐在药店内治病的医生通称为“坐堂医”。

仁爱之心是人与生俱来的道德良知。具备仁德之心的人则必然会爱自己，也会爱他人。民本的道德内蕴就在于仁爱。这种爱是建立在平等基础上的不带任何功利色彩的无差别的爱。有仁爱之心者“人不独亲其亲，不独子其子”，而是“老吾老以及人之老，幼吾幼以及人之幼”。在历史上，也有不把民视为自己的同胞、随意践踏民众的尊严及生命的反面典型。

春秋时，晋国国君晋灵公荒淫无度，性情残暴。他让宠臣屠岸贾在王城之内建了一所花园，园内遍值各种奇花异草，常年不败，其中以桃花最多，故称桃园。灵公特别喜欢打鸟，常在园内用弹弓打鸟作乐。桃园内有个高台，站在台上可以看见整个王城的市井百态。灵公常常站在上面看热闹。灵公让人在高台上演戏，引得无数百姓在墙外观看。灵公对屠岸贾说："平日里经常打鸟，不知道弹弓打人是个什么景象。"于是，两人便在台上向人群中射弹。百姓避之不及，都憎恨晋灵公。

晋灵公将自己的快乐建立在别人的痛苦之上，这是对民本理念的践踏，是对仁爱思想的蔑视。荀子说："君人者，爱民而安，好士而荣，两者无一焉而亡。"那些骑在人民头上的人，人们也将永远唾弃他；那些将自己的幸福建立在人民痛苦之上的人，也必将成为历史的罪人。

从另一个角度来说，传统的"爱民如子"观是将官员与民众放在不平等的地位，有一定的历史局限性。当代社会所讲求的民本，是一种建立在生产资料公有制基础之上的民本，是平等意义上的真正民本。这种民本思想肩负着公平与正义、仁义与慈善的美誉，决定了为官者与民众地位的一致性和平等性。

官员应将民众置于与自身一样的地位，如此，才能真正凸显民本，突出民众的地位。真的仁者，不会因为有利于自己的仕途而行不义，在小仁与大仁面前，宁肯亏小仁，而不损民众之仁。在仁政思想的影响之下，为官之人才能对民尊重，"使民如承大祭"。如此，民本思想的仁爱原则尽显其中。

体恤疾苦　爱惜民力

衙斋卧听萧萧竹，疑是民间疾苦声。些小吾曹州县吏，一枝一叶总关情。

——（清）郑板桥《潍县署中画竹呈年伯包大中丞括》

“天下之务莫大于恤民”，为官不能单纯地理解为满足民众物质方面的需求，还要注重民众精神方面的需求，要忧虑人民的疾苦，并付诸实际行动来解决问题。官员要能忧虑民众的疾苦，这即是恤民之道。要像养护自己的伤口一样对待民众，如此方能赢得民心。如若对民众的疾苦不闻不问，这是对民众不负责任的表现。若是“朱门酒肉臭，路有冻死骨”，民众岂能容之？为官要以民为本，以实现民之价值、民之利益作为官员本职工作的重点，要“居庙堂之高则忧其民”，若不忧其民，在其位不谋其政，那为官的价值表现何在？

北宋仁宗时期，官僚机构臃肿，州县两级官吏不称职者十有八九。仁宗决定推行范仲淹为首倡导的改革运动，史称“庆历新政”。范仲淹亲自选派一批精明能干、正直清廉的官吏巡察全国，检视地方官吏为政情况，并据实报告中央。范仲淹根据各人的政绩、才能和品德，对不称职者一律降黜，不徇私情；对精明能干、政绩卓著者加以迁赏。

这天，他坐镇中央，得到各地按察使的报告，像往常一样，翻开各路官员的花名册，看到缺德少才、害民败政的转运使，便大笔一挥把名字勾掉，重新安排德才兼备的有为之士。同僚富弼平时对范仲淹十分尊敬，这时见他毫不留情地罢免一个又一个官吏，不免有点担心，从旁劝止说："您一笔勾掉很容易，但是这一笔之下可要使他一家人痛哭啊！"

范仲淹听了，用笔点着贪官的名字愤愤地说："一家人哭总比一路人哭要好吧！"

不是"官官相护"，而是体恤百姓疾苦，宁可让官员受到损害，这就是范仲淹给"为官"这张试卷准备的答案。

无论是古代还是现代，都有诸多体恤民情的官员。西汉时期的倪宽就是一位榜样。

倪宽是西汉著名的经学家、政治家和水利专家，幼时家境贫寒，但他努力学习并终成大器，官职做到宰相。倪宽认为，作为一名官员，必定要体恤其民，唯其如此，才能得到民众的拥护和爱戴。他经常到民间嘘寒问暖，得知有些地方虽然土地肥沃，但却因为干旱少雨，致使民众生活疾苦时，便不辞辛劳亲自考察水源。经过认真考察，他发现该地虽有郑国渠，但地势较高，水源无法到达。倪宽经过多次考察，再三考量，最终上书汉武帝，提出在郑国渠上游的北岸开凿六条小渠，以方便灌溉地势较高的地区。此建议得到了汉武帝的认可。在倪宽的指导和组织之下，最终在郑国渠上游开凿了六条辅渠，使郑国渠的水资源得到了合理开发与利用。在他的带领下，原来贫困地区的民众的生活得到了极大改善。

倪宽通过自己的努力，发挥才智，最终使民众摆脱了穷困的干扰，使民众的生活条件与生活环境均得到了很大的提升。更为可贵的是，倪宽还制定了中国历史上第一部农田水利法规——《定水令》。倪宽为官时，体恤民众之苦，使民众在很大层面上享受到了实惠与温暖，真正体现了为官民本。从倪宽的实际行动可以看出，为官一时，就要为民造福一方，要忧虑民众的疾苦，更要以实际行动为民众谋求福利，唯其如此，才能对得起自己的"乌纱帽"，对得起黎民百姓。体恤国民，既体现了为官民本，同时也彰显了官员之德。

“徭役多则民苦，徭役少则民安”。为官忧虑人民的疾苦，就要爱惜民力，不任意浪费民力，尤其是把民力作为劳民伤财的牺牲品，这就与民本背道而驰了。《周易程氏传》说：“养民之道，在爱其力，民力足则生养遂，生养遂则教化行而风俗美，故为政以民力为重也。”不论是古代官员还是现代官员，均要以养民力为本务。

现代人喝茶，都是抓一撮茶叶泡茶喝。其实，古代人喝茶的方式叫做“点茶”，是将茶叶经过蒸、榨、研、模、圈、烘六道工艺，制成团饼茶，然后将团饼茶碾成茶末，用茶罗筛选出颗粒较细的茶末，再放到茶盏里注水，用特制的茶筅击拂。喝茶方式的转变，其实与明太祖朱元璋的一项“仁政”有关。

宋朝的历代君王大多喜好茶，又讲究奢华，对御用的贡茶要求十分精良，于是，出现了加工精致的“龙凤团茶”，就是选用上等的茶叶在成型之后，在茶饼上加印龙凤图案，专供皇家享用；继而，又出现了制作加工更加精美的“小龙凤团茶”，其选料更加严格，制作更加精良。当然，其价值也就绝对非同凡响。就连当时的达官贵人们也难以享用，偶尔获得一点皇帝的赏赐，无不视为珍宝。当时，有“黄金有价，茶无价”之说。制作“龙凤团茶”和“小龙凤团茶”是一件劳民伤财的事情，茶农们负担沉重，怨声载道，困苦不堪。

朱元璋出身贫寒，比较能体谅普通百姓的疾苦，于是下令“罢造龙团，惟采茶芽以进”，从此贡茶也以散茶的形式出现。失去了皇家的需要，团茶等型茶生产也就逐渐萎缩，人们喝茶的习俗也就慢慢转变了。

由此可知，体恤人民，更要以实际行动来关照需要帮助的人，如此方能体现官员之德，进而彰显民本。这样的官员在社会主义中国并不在少数，他们默默地忧虑着人民的疾苦，视民如子，并以实际行动帮助着处于困境之中的民众。这些官员是我们所需要的，是人民群众所敬仰的人民公仆，历史将会记载这些官员的高风亮节，民众将会永远感激他们。

轻徭薄赋　藏富于民

善赋民者，譬植柳乎，薪其枝叶而培其木根。不善赋民者，譬则剪韭乎，日剪一畦，不罄不止。

——（清）魏源《默觚下·论治十四》

税收是国家为满足社会公共需要，凭借公共权力，按照法律所规定的标准和程序，参与国民收入分配，强制取得财政收入的一种特定分配方式。没有税收，国家就不能进行公共管理，官员也就没有收入。由于税收具有积累资金，调节经济和社会政策等多种功能，只考虑财政收入的需要，有可能对经济长期发展造成消极影响；实行刺激经济增长的税收政策，又有可能因损害公平，不利于社会安定。因此国家必须选择一定的税收原则以协调税收职能之间的关系。

孔子说："义然后取，人不厌取。"即强调国家征税要合乎道义。这里强调的"义"，就是要行仁政、轻徭薄赋。因为"财聚则民散，财散则民聚"，轻征赋税有利于争取民心，使统治者长治久安。《管子》中指出："地之生财有时，民之用力有倦，而人君之欲无穷，以有时与有倦养无穷之君，而度量不生于其间，则上下相疾也。"所以，应坚持"取于民有度"的原则，强调征税量不能超过人民负税能力允许的限度。

国家赋税，关系国计民生，是"帮国之本，生民之喉命。"赋税取之于民，用之于民，历代赋役政策，大体根据儒家的经济理论，主张轻徭薄赋，藏富于民，对赋税的负担，力求公平合理。秦汉以后，工商发达，货品流通，行商坐买，获利甚厚，乃有关市之征。盐为人人佐膳不可或缺之物，铁则为家家必备之器，盐铁本为自然界的宝藏，其利产佃自不应由私家商卖独擅，故汉代以来多由国家专卖。酒为大众所喜爱，消费量尤大，亦多归国家经营，而有榷酤之税。总之，历代对商税的征课重于田赋，多少带有重农抑商的意义，正合于儒家的经济理想。

汉高祖刘邦记取了强秦死亡的教训，在汉初采取了“轻徭薄赋”的政策。《汉书·食货志》中说：“汉兴，按秦之敝，诸侯记起，民失作业，而大饥馑，凡米石五千，人相食，死者过半。高祖以是约法省禁轻田租，十五而税一。”这就是说，从汉高祖时起，实行“十五税一”的政策，及至汉文帝时期，又有“田租减半”之诏，也就是采取“三十税一”的政策。并有 13 年“除田之租税”。汉景帝时复“三十税一”之制。东汉时，刘秀曾经实行过“什一之税”，但不久又恢复“三十税一”的旧制。纵观两汉赋税制度，除桓帝、灵帝增加亩税十钱以外，一般通行“十五税一”或“三十税一”的实物地租。

崇尚节俭的隋文帝也很注意人民的赋税负担。《资治通鉴》说他“爱养百姓，劝课农桑，轻徭薄赋，其自奉养，务为俭素”。他沿袭北齐的均田制和赋役法，注意减轻民众负担。隋初的赋役法规定，男女 18 岁以上受田纳赋服役；60 岁免赋役，比北齐减少 6 岁；丁男夫妇为一床，课租税三石，桑土调绢一匹，绵三两，麻土调布一端，麻三斤；单丁及部曲与奴婢半课，没有受田的都免课。两年后，隋文帝改成丁年龄为 21 岁，受田仍是 18 岁，服兵役却减少 3 年，又将每年服役 30 日减为 20 日，并将调绢减为二丈。后来又规定百姓到了 50 岁，可纳庸免服兵役，庸就是免役的人每天纳绢约三尺，是对老年人的仁政。实行均田制和赋役法后，民众有田可耕，赋役较轻，生活有了出路，有利于经济的发展和社会的安定，国家的收入不仅不少，反而多了。他称帝后 11 年，府库都装满了，只好堆放在廊厅里，并另设左藏院放绢匹。他下诏说：“宁积于人，无藏府库，河北河东，今年田租，三分减一，兵役减半，功调全免。”他在位 24 年，初时全国民户不满 400 万，末年增加到 890 万。《隋书》说他“躬节俭，平徭赋，创建廪实，法令行，君子咸乐其生，小人各安其业，强无凌弱，众不暴寡，人物殷阜，朝野欢娱，20 年间天下无事，区宇之内宴如也。”

但是隋文帝的仁政被继位的隋炀帝破坏无余。虽然隋炀帝在赋役立法上并未加重民众的负担，而且还废除了妇人和奴婢、部曲的课役，把男子的成丁年龄放宽到 22 岁，但他为了修造官室、四处巡幸、发动战争，在赋役法之外横征暴敛，很快便引起了人民的反抗。

李世民深知正是隋炀帝的横征暴敛破坏了社会和谐，激化了阶级矛盾，是其覆亡的重要原因，所以自己就采取轻徭薄赋、藏富于民的政策，以创造社会的和谐。他在诏书中明确地说，“轻徭薄赋，务在劝农，必望民殷物阜，家给人足。”他把改善人民生活条件作为自己的执政目的。他还总结出一套执政经验，“为君之道，必须先存百姓，若损百姓以奉其身，如割胫以自啖，腹饱而身毙。”政府如果只知道剥夺民众，聚敛财富，而不知存恤国民，是不可能长久生存下去的。即使最后府库盈溢，有着花不完的钱财，也将“腹饱而身毙”，为百姓所推翻。

传统中国的赋税制度，正是“轻徭薄赋”精神的具体表现；其间固不免波折起伏、旋回进退，皆以纾解民困、力求均平为最高理想。然而，无论如何，封建统治者减轻赋税的行为，其本质还是为了维护自己的统治。而新中国在 2006 年取消农业税，让历时千年的“皇粮国税”彻底走进了历史，才是为了维护农民的根本利益，促进城乡居民共同富裕的真正“德政”。

救荒赈灾　利济苍生

从政者，以庇民也。

——（春秋）左丘明《国语·楚语下》

利济苍生是民本的另一个要求。利济苍生，其意为执政者给民众以利益的接济，促使百姓渡过难关，获得生活上的帮助与补贴。从古到今，自然灾害一直与人类同行。中国数千年的历史，自然灾害几乎从未间断过。有资料统计，从公元前206年到1936年的两千多年中，全国灾害总数达5150次，平均每四个月就有一次较大的灾害。其中死亡万人以上的重大灾害，至少在160次以上。明清两代，死亡千人以上的灾害有783次。由于灾害频繁，赈灾工作在历朝历代都是政治生活中的头等大事。

早在西周时期，就有储备粮制度。《礼记》有载："国无九年之蓄，曰不足；无六年之蓄，曰急；无三年之蓄，曰国非其国也。"各级司徒所掌握的"委积"仓，就是这样制度的产物，丰年购粮，灾年用于抑价、放赈、济贫。此后，战国时期之平籴仓；汉之常平仓；隋之义仓、社仓；唐之常平仓和义仓；五代后周之惠民仓；宋代之惠民仓、广惠仓、丰储仓；明代之预备仓、济农仓；清代更是州、县设常平仓，市、镇设义仓，乡村设社仓等等。

宋神宗熙宁八年夏天，吴越一带遭遇严重旱灾。虽未立见饥荒，但时任越州长官的赵忭却敏锐预见到灾难即将来临。因此，在这年九月百姓未被饥荒所苦之前，赵忭就下文书询问所属各县遭受旱灾的有多少个乡？百姓能够养活自己的有多少户？应当由官府供给救济粮的有多少人？可以雇用民工修筑沟渠堤防的有多少处？仓库里的钱粮可供赈灾的有多少？可以征募出粮的富户有多少？令各县呈文上报，以为救灾的前期准备。

各州县官吏汇总的结果是，全州孤儿、老人、疾病、体弱不能养活自己的共有二万一千九百多人。按历来的规矩，官府每年发给穷人的救济粮限额为三千石。若死守此数，将有一部分灾民得不到救助。怎么办？赵忭征收富户上缴的和僧道士多余的粮米，共得谷物四万八千多石。这样，就可以用来补助缺口了。

饥荒果然来临，粮食分发到位。从十月初一开始，每人每天可领一升救济粮，孩童则为半升。领米的人多，赵忭担心发生相互践踏，又规定男人女人分别在不同的日子领米，并且每人一次可领两天的口粮。他又担心乡民会因灾流离失所，就在城镇郊外设置了发粮点共五十七处，让乡民就便领粮，并通告大家，离开居住地的不发给粮食。灾民有了稳定的粮食接济，忧虑大减。

为使有钱买粮的人买得到粮，赵忭告诫富人不得囤积粮米不卖。还采取措施，调出官粮五万二千余石，低价卖给百姓，平抑市场粮食价格。又设置卖粮点十八处，为买粮者提供方便。对无钱买粮的人，他的办法是雇用他们修补城墙，然后发两倍的工钱、粮食。对愿意出利息借钱的老百姓，劝告富人家尽量出借，并承诺等田中谷熟，由官府出面责令偿还，让富人借贷无虑。对被抛弃的小孩，设专人予以收养。

灾后必有疫情，第二年春瘟疫严重。官府设病院安置无家可归的病人，每处招募两位通医僧人照料病人的医药和饮食；对病死的人及时就地安葬；“生者得食，病者得医，死者得葬。”

当时的法律规定，遇灾发放救济三个月为限，但赵忭这次却发放了五个月才停。他要求下属从实际灾情出发，便宜从事，不要死守陈规。

若上面追究责任，他一人承担，绝不牵连下属。在救灾期间，赵忭早晚操劳，从未稍微懈怠，事无巨细，亲自处理，还自掏腰包，为病人买药买粮。

赵忭的救灾部署，环环紧扣，周到周全。对此，宋朝大散文家曾巩写有《越州赵公救灾记》。他在文中不无感慨地写道："其施虽在越，其仁足以示天下；其事虽行于一时，其法足以传后。"

当然，利济苍生之"利"是建立在合乎道义的基础之上的。只有在道义的基础之上，利济苍生才有现实意义。在古代封建社会，民本思想其实是与现实制度相矛盾的，也就造就出了不少具有双重性格的官员。

江忠源是晚清名臣之一，一直活跃在镇压农民起义的第一线。但他长期生活在穷乡僻壤，屡见百姓因饥馑而从叛，又亲历大荒，深知百姓疾苦，竟存有"百姓造反，情有可原"的"大逆不道"想法。他尤其痛恨为富不仁之徒，以为正是这些人把穷人逼上梁山。江忠源曾作诗一首，警告为富之人，切不可坏事做绝，逼民造反：

哀此贫氓力耕种，年丰仅足偿什一。
今年不复望有年，坐令沟壑填白骨。
但见富人百无忧，谁怜贫者为饥出？
贫人一旦为饥驱，富人岂得安其室？

江忠源任秀水知县时，恰逢天灾，饥民遍地，盗匪四起，政府拨给的赈灾物资不敷其用。江忠源以祭天求雨的名义召集当地富户在龙王庙集会，然后要求富人捐纳赈灾。凡捐纳银粮的人家，江忠源手书"乐施好善"匾额，令手下敲锣打鼓，送到家中悬挂；一毛不拔，或者只是象征性打发几个小钱的，则书"为富不仁"四字挂于其家正门，并每日派手下查看，不得私自摘取，为富不仁的人家只得纷纷出钱摘匾。江忠源不费朝廷分文，旬日间就征集大量物资，赈济秀水灾民，百姓皆称颂其德。

当然，这种理想与现实的错位在新时代已经不复存在了。在新社会，官员也是人民的一部分，官员与百姓的利益不可分割，这是新时代为官民本的道德责任与道德义务。在任何时候任何情况下，党的一切工作和方针政策，都要以是否符合最广大人民群众的利益为最高衡量标准。作为官员，应以利济苍生为己任，如此方能凸显民本之德。

明刑慎罚　宽严相济

与其杀不辜，宁失不经。好生之德洽于民心，兹用不犯于有司。

——《尚书·大禹谟》

人犯了罪，就要处罚，然而如何处罚，却能体现官员的执政理念和道德。中国古代一直有“明德慎罚”的思想。所谓明德，就是提倡尚德、敬德，它是慎罚的指导思想和保证。所谓慎罚，就是刑罚适中，不乱罚无罪，不乱杀无辜。综合起来，就是多行恩惠，少用刑罚。

明德是道德教化，是正面引导，是不会产生负面影响的。刑罚则是惩罚手段，体现了统治者“恶恶”之心。其与教化的不同之处在于其如果不在适当限度内使用，往往会产生相反的社会效果，使民积怨，以致于威胁到统治者的政权。“慎罚”即是认真地对待刑罚，在合理的限度内使用刑罚，使刑罚达到预期目的、避免事与愿违的结果的一种主张。

慎用刑罚的基本要点，一是要慎重断案，不滥用刑罚，提倡罚当其罪，要十分谨慎地使用“中罚”，用刑不可偏重，也不可偏轻，要使刑当其罪；二是在定罪量刑时，要区分故意与过失，惯犯与偶犯，这在古代思想史上，无疑是一大贡献；三是注重教化，使用刑罚并不是单纯为惩罚人，而是为了劝民为善，防止犯罪。

“明德”与“慎罚”虽然作为为政手段一起使用，但两者并非同等重要。“明德”是核心关键，“慎罚”是辅助手段。以德化人，教而后刑。还具体规定了疑罪的五刑可以用钱收赎的办法，以减少肉刑，减轻刑罚。“明德慎罚”虽然只是西周奴隶主统治阶级维护其统治的手段或方法，但它是西周法制经验的总结，暗合历史发展的规律，具有进步的色彩，在世界刑法史上也是罕见的，对后世的立法和司法产生了良好的影响，以至于自诩为“仁君”的君主都会主动减少实施残忍的肉刑，而代之以比较人道的刑罚。

汉文帝的母亲薄太后出身低微，在汉高祖在世的时候是个不得宠的妃子。她怕住在宫里受吕后的陷害，就请求跟着儿子住在代郡。住在代郡不像在皇宫里那么阔气，因此，娘儿俩多少知道一些老百姓的疾苦。汉文帝即位不久，就下了一道诏书说：“一个人犯了法，定了罪也就是了。为什么要把他的父母妻儿也一起逮捕办罪呢？我不相信这种法令有什么好处，请你们商议一下改变的办法。”大臣们一商量，按照汉文帝的意见，废除了一人犯法、全家连坐的法令。

临淄地方有个小姑娘名叫淳于缇萦。她的父亲淳于意是太仓令，但他不愿意跟做官的来往，也不会拍上司的马屁。没有多久辞了职，当起医生来了。一次，有个大商人的妻子生了病，请淳于意医治。那病人吃了药，病没见好转，过了几天死了。大商人仗势向官府告了淳于意一状，说他是错治了病。当地的官吏判他有罪，要把他押解到长安去受刑。

淳于意有五个女儿，可没有儿子。他被押解到长安去离开家的时候，望着女儿们叹气，说：“唉，可惜我没有男孩，遇到急难，一个有用的也没有。”几个女儿都低着头伤心得直哭，只有最小的女儿缇萦又是悲伤，又是气愤。她想：“为什么女儿偏没有用呢?”她提出要陪父亲一起上长安去，家里人再三劝阻她也没有用。

缇萦到了长安，托人写了一封奏章，到官门口递给守门的人。汉文帝接到奏章，知道上书的是个小姑娘，倒很重视。那奏章上写着：“我叫缇萦，是太仓令淳于意的小女儿。我父亲做官的时候，齐地的人都说他是个清官。这回儿他犯了罪，被判处肉刑。我不但为父亲难过，也为所有受肉刑的人伤心。一个人砍去脚就成了残废；割去了鼻子，不能再安上去，以后就是想改过自新，也没有办法了。我情愿给官府没收为奴婢，替父亲赎罪，好让他有个改过自新的机会。”

汉文帝看了信，十分同情这个小姑娘，又觉得她说的有道理，就召集大臣们，对大臣说：“犯了罪该受罚，这是没有话说的。可是受了罚，也该让他重新做人才是。现在惩办一个犯人，在他脸上刺字或者毁坏他的肢体，这样的刑罚怎么能劝人为善呢。你们商量一个代替肉刑的办法吧!”

大臣们一商议，拟定一个办法，把肉刑改用打板子。原来判砍去脚的，改为打五百板子；原来判割鼻子的，改为打三百板子。汉文帝就正式下令废除肉刑。这样，缇萦就救了她的父亲。

汉文帝废除肉刑，看起来是件好事。但是实际执行起来，却是弊病不少。有些犯人被打上五百或三百板，就给打死了，这样一来，反而加重了刑罚。后来到了他的儿子汉景帝手里，才又把打板子的刑罚减轻了一些。

到了唐代，规定刑罚为笞刑、杖刑、徒刑、流刑和死刑，每种刑罚都规定具体的执行数目，死刑只有绞刑和斩首两种。这样的法律一直延续到清末，诸如“凌迟”之类的死刑其实是非法的。若是皇帝下令用“凌迟”处死犯人，有操守的官员都会提出批评，认为这是非常残忍的，不是“仁君”应有的做法。

“明德慎罚”的思想作为儒家传统思想的一部分，有其值得总结和借鉴的正面价值。官员执行法律，无论在什么时候、在哪种情况下，都应当坚持刑法不是万能的、惩罚不是最终目的的观点，必须灵活地运用法律政策，应形势的变化而随机应变，该严则严，该宽则宽，宽严适度，宽严相济，才能有效地打击违法犯罪，实现国家的长治久安。

顺民心意　体察民情

政之所兴，在顺民心；政之所废，在逆民心。民恶忧劳，我佚乐之；民恶贫贱，我富贵之；民恶危险，我存安之；民恶灭绝，我生育之。

——《管子·牧民》

以民为本，关键是要顺民心意，要以民众是否满意、是否高兴、是否乐意等为衡量标准。

如何治民之心、顺民之心，这就关涉到如何以礼待民的问题。有些官员总认为自己高人一等，他们将自己的地位停留在封建社会“正名”的基础之上，并认为人与人之间的关系是有差等的，这是中国古代的官本位思想在作祟。但是，在社会主义的新中国，作为官员，只不过是代替人民行使权力而已，官员手中的权力，是人民赋予的，作为官员本身而言，没有任何特权可言，亦不可能高人一等。事实上，作为新时代的官员，应是人民公仆，是为人民服务的。故此，当代社会某些官员官本位的做法，完全违背了人民的旨意，与民本思想背道而驰。当代官德民本，要将民众视为自己的朋友，而不是将民众视为自己的敌人，这便要求官员执政时以礼待民，如此方能赢得民众之心。为官之人以礼待人，则能使民众顺气；民众顺气，则万事皆能和顺。

得民心，要有好的政治纲领，也即孟子所说的“善政”。在一个“善政”的国度里，一切以民众的利益为中心，法律制度至为完善，一切按照法律、法规办事。但是在孟子看来，“善政”还不如“善教”得民心。孟子曰：“善政，不如善教之得民也。善政民畏之，善教民爱之。善政得民财，善教得民心。”好的政治，民众对官员产生畏惧之感，并非是真正意义上的以民为本；善教则不同，此乃民众内心世界的心悦诚服。善政与善教所遵循的路线不一：善政是以外在的方式规范人的行为，有时甚至是以强制的方式规约民众的行为，不能真正彰显民本；善教则是民众内心世界的真实写照，可让民众切身感受到幸福。古代社会民本思想的产生，是以善教为本务。教化，是一种潜移默化的熏陶，使民众从内心世界真正体悟到民本的意义。善教而后，得民之心，也即得到的是民众的一颗善良之心、道义之心、正义之心。所以，官员顺民之心、顺民之意，均能彰显民本。

要顺应民心，关键是要体察民情，不能待在办公室里听下级汇报，而要深入基层调查研究，掌握第一手资料。

古代的皇帝和官员为了掌握民情，不被下属蒙蔽，也想了很多方法。据说，舜帝担心自己见闻有限，办事出差错，便在自己的门前设了“诽谤之木”和“敢谏之鼓”。所谓“诽谤之木”，就是在门前立了一根木柱，无论谁发现了舜的过失，都可以在木柱前大胆地指出来，由安排在木柱前的书记员记录下来，转告给舜。所谓“敢谏之鼓”，就是在门前放上一面大鼓，无论是哪个人想举荐贤良之士或进献治世之策，都可以击几下大鼓，舜就接见他们，听取意见。其中谏鼓制度流传下来，成为“登闻鼓”。宋朝以前，普通民众都可以击鼓鸣曲申冤，或向朝廷提建议，或对政策提出异议。

武则天称帝时，还用铜铸了一个大盒子，叫作“匭”，置于宫门外，四面均开有可进不可出的投书口。东面名为“延恩”，专供怀才抱器、希于闻达者投书；南面名为“招谏”，专供愿匡正政治过失、有益于理政者投书；西面名为“申冤”，专供含冤负屈、无辜受刑者投书；北面名为“通元”，专供作赋颂扬朝政者投书。中书省为此还设立了一个特殊的机构——匭使院，其主管官员称“知匭使”。这就是中国最早的信访机关。

除了接待信访，官员也要微服私访，体察民情，民间也有许多皇帝微服私访的故事，据说朱元璋为了便于微服私访，发到全国各地的御容画像都不是本人，这样从没见过皇帝的下级官吏和老百姓就不知道皇帝来私访，也就不会提前做好准备。

体察民情，就是要沉到基层去，深入群众生活中，与他们拉家常话，谈身边事，在交流中与群众建立感情，取得信任。俗话说：锣鼓听音，说话听声。群众的情绪往往就是在日常的言谈举止中流露出来的。与群众打成一片，就能够了解群众的需求，体察群众的愿望。群众有困难，及时解决；群众有意见，虚心倾听；群众有疑问，耐心释疑，这样群众才会敞开心扉，说明情况，表达情绪。

民情既包括人民群众的基本情况，又包含了他们的情绪。在许多场合，人们对情绪的表达往往是含蓄的，不经意的。但正是这些不经意的情绪，就可能反映着某种倾向性问题。因此，对于各级领导干部来说，调查研究也好，开展工作也好，一个重要的前提就是了解和掌握群众的情绪。

体察民情不仅要有扎实的作风，还应当具备敏锐的洞察力和深刻的分析力。面对各种各样的“民情”，不能眉毛胡子一起抓，一锅煮，必须实事求是地弄清楚表象和根本；哪些是共同愿望，哪些是个别要求；哪些应当马上解决，哪些可以从长计议。这样，做工作才能有重点，有条理。

对于领导干部而言，民情也会折射出工作的态度和水平，既是检验工作的晴雨表，也是明确努力方向的指示牌。对民情体察得准确，可以掌握群众的思想脉搏，把群众的愿望和需求转化为工作的要求，同时也可以鞭策自己，通过查找不足，把它转化为工作的动力。这意味着体察民情也是一个调查研究、提高认识的过程，一个联系群众、改进作风的过程。

领导干部办事情、做工作，如果都能时时处处关心群众的疾苦，切实帮助群众解决实际问题，真真切切“身入”基层、“心入”基层，了解人民群众的生产、生活实际情况，体察他们的喜与忧、想与盼，那么各项工作抓落实就有了牢固的根基。

第八章
Chapter 8

宽

有容乃大　傲不可长

宽厚是官德的境界。领导干部要有宽大的雅量、宽广的气度、宽阔的胸怀，善于容人、容事、容言，培养出“登泰山一览众山小、临大海海纳百川无”的境界，才能做到团结一切可以团结的人，宽容一切可以宽容的事，凝聚一切可以凝聚的力量。

心胸宽广　贤而能容

君子贤而能容罢，知而能容愚，博而能容浅，粹而能容杂。

——《荀子·非相》

身在官场，面对复杂的人，需要以宽广之心，接纳难容之人与难容之事。领导干部要有气量，这是人的才识、品德和道德诸方面所达到的程度和水平的综合体现。气量小了，便不能用人之才，便不能容纳各种风格、各种能力的人为一个整体。这样就失去了个人的魅力，就会使自己的世界变得狭窄起来，同时还会失去一部分人的支持，尤其是对人才无法产生强大的吸引力、凝聚力，也就不利于广纳群贤。领导气量小了，便不能容忍冲撞和误会，便会涣散团结，疏远感情，破坏关系，影响工作。

安史之乱后，唐玄宗李隆基吓得把皇位让给了太子李亨，自己躲到蜀地去了。这时候郭子仪已经是有名的将领了，李亨决定重用他去镇压叛乱，任命他为朔方节度使，另一员大将李光弼也被派来协助郭子仪，同叛军作战。谁知李光弼很不服气。他想："论官职，我和郭子仪不相上下；论才能，他又哪点比我强？凭什么让我当他的副手呢？"

郭子仪上任那天，文官武官们都排列整齐，一齐来参拜他。只有李光弼满脸不高兴地站在人群里，显出瞧不起他的样子。郭子仪装着没瞧见，反而兴冲冲地主动和李光弼打招呼，说："李将军，朔方镇的兵马我已经分成两支，你我各领一支，您看怎么样？"

李光弼没想到郭子仪这么瞧得起自己，一时不知说什么好，竟愣在那儿了。郭子仪又说："李将军，如今平定叛乱，拯救国家，正是武将出力的时候，咱们要同心协力，杀敌立功啊！"

郭子仪的一席话，说得李光弼面红耳赤，羞愧万分。李光弼连忙答道："您是一军之主，末将愿听调遣。"

郭子仪以国事为重，不记个人私怨的态度深深感动了李光弼。从此，两位将领并肩作战，为平定叛乱立下了汗马功劳。

与郭子仪不同，也有不少人是心胸狭窄，嫉贤妒能的。《三国演义》中的周瑜是个少年英才，但他却嫉妒诸葛亮的才华，气得吐血三次，将死之时，还无法摆脱嫉妒心理，感慨"既生瑜，何生亮"！领导干部嫉妒下属贤能，将强于自己的下属视为威胁，想方设法排斥甚至打击，这种领导干部使平庸者得意，贤能者受气，德才兼备者不得不拂袖而去。还有些心胸狭窄的领导干部将工作中与自己意见不合，哪怕是稍有不合或一时不合者，视为对手，一概仇视和排斥，以势压人。有些甚至千方百计整人，搞得干群关系紧张，领导班子不团结，使国家和人民的事业受损失。

宋朝的郭进有容人之量，善于团结自己的"敌人"。在山西担任巡检时，有个军校曾诬告他。皇帝下令将军校送到郭进处，让其诛杀。这时正赶上北汉举兵侵犯，郭进对那个军校说："你能在朝廷上诬告我，说明你很有胆量。我且赦免你的罪过. 如果你能杀退敌兵，我就向朝廷举荐你；如果不能，你就自杀吧，免得玷污了我的宝剑。"那个军校在后来的战事中英勇非凡，帮助郭进最终取得了胜利。郭进随即向朝廷举荐，使他得到了提拔。

北宋宰相吕蒙正是历史上少有的状元宰相。他为人宽厚质朴，以正道自持，宽宏大度，素有重望。刚入朝为官时，朝廷中有官员指着他说："这小子也配参与商议政事吗？"吕蒙正视而不见，充耳不闻，面无改色。和他一起做官的为他抱不平，追问那个说话人的姓名。吕蒙正制止他说："如果一旦知道他的姓名，就一生都忘不掉了，还不如不知道的好。"

官居高位的吕蒙正从不在意、不记恨别人的非议。他与儿子聊天，儿子说别人非议父亲，职权多被同僚瓜分。吕蒙正笑着说："我确实无能，皇上提拔我，只是因为我善于用人罢了，我做宰相，人若不尽其才，那才是我真正的失职啊！"

吕蒙正的同窗好友温仲舒，两人同年中举，在任上温仲舒囚犯案被贬多年，吕蒙正当宰相后，怜惜其才，就举荐了他。后来温仲舒为了显示自己，常常在皇帝面前贬低吕蒙正。有一次，吕蒙正在夸赞温仲舒时，太宗说："你总是夸奖他，可人家却常常把你说得一钱不值啊！"吕蒙正笑了笑说："陛下把微臣安置在这个职位上，就是深知我懂得如何欣赏别人的才能，并能让他才当其任。至于别人怎么说我，这哪里是我所管的事呢？"

能否做到胸襟豁达，大度宽容，取决于领导干部的品位层次和涵养深度。如果心眼儿像针鼻一样大，小肚鸡肠，心胸狭窄，容不得人，便很难成就大事业。作为领导干部，一定要虚怀若谷，有胆有识。要容天下之变，顺应时代；容领导之诘，承担责任；容他人之才，见贤思齐；容下司之失，宽大为怀；容批评之言，反躬自省。古今中外，能将大事做得惊天动地，小事办得有声有色，难事搞得可圈可点，都是志存高远，襟怀宽广之人。这说明，有多大的心胸就能当多大的官，有多大的胆魄就能成就多大的事业。心大，大事便是小事；心小，小事也是大事。

只有严于律己，宽以待人，拥有宽厚的胸怀，容忍误会和冲撞，不计较个人得失，善于团结人一道工作，别人才会对你更加钦佩敬重拥护信赖，才能够产生巨大的感召力。作为一名领导干部，气度和胸怀是一种底蕴，是一种境界。关键是要有"海纳百川、有容乃大"的胸襟。要身体力行贯彻落实科学发展观，始终坚持立党为公、执政为民，就不能没有开阔的胸怀、容忍的气量。

不计得失　不争私利

当官处事，不与人争利者，常得利多。

——（元）吴亮《忍经》

君子立德，小人图利。如果一个人为的是自己的私利，就会热衷于功名利禄，贪恋权位，去攀龙附风、阿谀谄媚、拉帮结派。显然，为官当权者不以权谋私，不以权谋利，要一片公心，不计个人得失，才能胸怀坦荡。

据《桐城县志》记载，清代康熙年间文华殿大学士兼礼部尚书张英的老家人与邻居吴家在宅基的问题上发生了争执。两家大院的宅地都是祖上的产业，时间久远了，本来就是一笔糊涂账。想占便宜的人是不怕算糊涂账的，他们往往过分相信自己的铁算盘。两家的争执顿起，公说公有理，婆说婆有理，谁也不肯相让一丝一毫。由于牵涉到宰相，官府和旁人都不愿沾惹是非，纠纷越闹越大。张家人只好把这件事告诉张英。家人飞书京城，让张英打招呼"摆平"吴家。

张英阅过来信，只是释然一笑，挥笔写下一首诗："千里家书只为墙，让他三尺又何妨。长城万里今犹在，不见当年秦始皇。"交给来人，命快速带回老家。家里人一见书信回来，喜不自禁，以为张英一定有一个强硬的办法，或者有一条锦囊妙计，但看到的是一首打油诗，败兴得很。后来一合计，确实也只有"让"这唯一的办法，于是将垣墙拆让三尺。大家交口称赞张英和他家人的旷达态度。宰相一家的忍让行为，也感动了邻居，主动把围墙向后退三尺。这样，两家的院墙之间就有一条宽六尺的巷子。“六尺巷”由此得名，成了桐城县一处名胜。

计较个人利益得失，也是官员贪污腐化的根源之一。

有些官员觉得自己作出了这么大的贡献，所得工资却并不算多，收一点礼物算是对自己的补偿，于是变得越来越贪，私欲越来越重，从开始的什么都不敢收到后来的什么都敢要。一方面，他们认为自己为国家和人民勤勤恳恳工作了几十年，到头来却仍然是两袖清风，“一穷二白”，心里觉得不平衡，感觉不划算。另一方面，他们接触到的身边的一些商人，“地位”比自己低，但过得却比自己好，难免“眼红嘴馋”，觉得“不划算”。“不划算”心理是许多官员的一种病态心理。一些官员从以前的“两袖清风”到“心生动摇”，皆是因为“不划算”。在一些官员看来，只要当官就要什么都比别人强，精神层面的权力执掌、广受敬重及众星捧月般的前呼后拥等，只是应该得到的一部分；物质方面的享受也不能比别人差，特别是不能比那些地位不如自己的老板大款们差。当官的努力方向就是升官，官做得越大越好，官越大说明“出息”越大，一旦不能继续升官，那就可以选择发财了。当官与发财原本就是密切相关的。如此畸形的为官心态，在经过一番“思想斗争”后，最终导致走向腐败，走向以权谋私和权钱交易。

为官不仅不能计较收入多少，也不宜计较职务高低。有人认为职务没有得到提升，是“不求进取”，这种观点是不客观不全面的。职务的提升说明官员在某一个领域取得了一些成绩，得到了组织上的认可，但职务低并不能代表能力欠缺，不求上进。官员的职务升迁，有很多影响因素，大可不必因为别人的升迁或者自己的不升迁而莫名失落。

唐朝时，卢承庆奉命考核众官员，当考评到一位因运粮沉船犯了过失的官员时，卢承庆考虑到他有过失，给他评了个“中下”。当他把考评的结果告诉那位官员时，那位官员点头称是，脸上没有显出一点不满的神色。卢承庆转念一想，粮船沉没，也不能全怪罪他一个人，如遇大风浪，也不是一个人能挽救得了的，因而他的过失不算严重，于是改评了“中中”。那位官员听了后，面色沉静，没有露出丝毫高兴的神色。卢承庆看到这种情况后，非常佩服这位官员的风度，认为他是个不计较个人得失、心胸坦荡的君子，于是称赞他道：“能做到得荣、受辱都不为所动的人，是极难得的。”于是，将他的考评等级改为“中上”。这种把个人得失置之度外，宠辱不惊的态度是值得学习的。

进步的途径多得很，只要放下对名利的狭隘追求，把人民利益摆在首位，让心胸更开阔，言行更务实，就一定能够取得重要而有价值的人生进步。群众看干部主要看成绩。心里没有百姓的人，“进步”再快，职务再高，大家不一定说他好。所以比职务高低，还不如比对人民群众的贡献大小。那些职务再高的人，如果没有把人民群众放在心上，不为群众做好事、办实事，最终也会遭到人民群众的唾弃。

不计个人得失，就要保持正确的人生观和价值观。正确的思想认识对人的行为具有正确的指导作用。领导干部只有树立起正确的人生观和价值观，才能够保证自己不患得患失，才能够一心一意地为群众办实事解难题。如果连好的思想认识也没有，在个人利益和群众利益之间就可能迷失方向。利益的天平一旦失去平衡，不光会伤害自己，也会对群众造成伤害。

不计名利、甘于奉献是国家公职人员应有的高尚品格。只有追求奉献，才能立信于人、立功于民、立德于世。市场经济承认个人利益、等价交换，但领导干部为国家和人民工作不能搞等价交换，不能斤斤计较职务、计较报酬、计较待遇。要坚决抵制拜金主义、享乐主义，以艰苦奋斗为荣，以骄奢淫逸为耻，始终保持艰苦创业的革命精神，严格执行廉洁自律各项规定，在任何情况下都稳得住心神、管得住行为、守得住清白。

胸怀坦荡　敬恕为先

君子坦荡荡，小人长戚戚。

——《论语·述而》

世界上最宽阔的是海洋，比海洋更宽阔的是天空，比天空更宽阔的是人的胸怀。胸怀坦荡，才能放下得失恩怨，不气馁抱屈，执着于理想而坚守报国之志。坦荡的反面是狭隘，是心胸局促，难以容人；是度量短浅，睚眦必报；是心理阴暗，斤斤计较。坦荡是和无私连在一起的，人一有私必定会阴险、记仇、报复，直至不顾大节大义。清朝建立后，曾强制汉人剃发，引发了全国性的大屠杀。此事始作俑者是一个叫孙之獬的"汉奸"。

孙之獬是明朝天启年间进士，做官时正是魏忠贤当权时期，阉党吃香，他便成为阉党成员，着实过了一段好日子。魏忠贤倒台后，崇祯帝下令毁掉由阉党编写的以排斥、诛杀异己为目的的《三朝要典》，孙之獬曾抱着《三朝要典》到太庙痛哭，为士林所不齿。这年八月，朝廷"削孙之獬籍"，让他回乡居住。

清军入关以后，孙之獬俯首乞降，自己带头与家人奴仆一起剃头留了辫子，并换上了满装，并上疏标榜"臣妻放足独先，阖家剃发效满制。"清朝看他恭顺，就授他礼部侍郎兼翰林院侍读学士的高位。

当时清朝统治者在文化上并不固执，上朝时满汉官员们穿着自己的传统服装，分列两班，照样议事工作。孙之獬有心"标异而示亲"，不但剃发留辫，还改穿了满族服装。当大臣们步入朝堂站班时，他走进了满族大臣的行列。“满以为汉人也，不受”，你推我拉把他逐出班外。孙之獬自讨没趣，悻悻然走回汉班。“汉以为满饰也，不容”，一个紧挨一个毫不松动，不让他入班。孙之獬进退不得，狼狈万状，于是恼羞成怒，上了一份奏折说“陛下平定中国，万事鼎新，而衣冠束发之制独存汉制”，建议全国剃发，并挑拨说，如不推广剃发，“此乃陛下从中国，非中国从陛下”。本来早想彻底显示自己征服了中原的摄政王多尔衮立下一道“薙头令”，以十日为限，“文武军民一律剃发如满族式样，不从者治以军法”，“留发不留头”，血腥屠杀遍于全国。

身位官员，要有广阔的胸怀，处理政务时不刚愎自用。有一次孔子的弟子司马牛请教老师如何去做一个君子，孔子回答说：“君子不忧愁，不恐惧。”

司马牛不大明白，接着又问：“不忧愁不恐惧，这样就可以称做君子了吗?”

孔子回答：“内省不疚，又何忧何惧?”也就是说，如果自己问心无愧，何来忧愁和恐惧呢。小人为何长戚戚呢？小人恰恰相反，他心胸狭窄，与人为难，与己为难，一点小事便耿耿于怀，一点恩怨便记挂于心。如此这般，自然是时常忧愁. 局促不安，心事重重。心胸何以坦荡？是因为行为端正，品德高尚。古人认为，君子有三种基本品德——仁爱、智慧和勇敢。孔子说：“仁者不忧，智者不惑，勇者不惧。”也就是说人如果有着一颗博爱之心，有清醒的头脑，有勇敢坚强的意志，那么他就必然会具有良好的心理和精神状态。

历史上大凡成就丰功伟业之人，大都为人宽厚，心胸坦荡，气度不凡。三国时期的蜀国，在诸葛亮去世后任用蒋琬主持朝政。蒋琬属下有个叫杨仪的，性格孤僻，拙于言语。蒋琬与他说话，他也是只应不答。有人看不惯，在蒋琬面前嘀咕说：“杨仪这人对您如此怠慢，太不像话了!”蒋琬坦然一笑，说：“人嘛，都有各自的脾气秉性。让杨仪当面赞扬我，那不是他的本性；让他当着众人面说我的不是，他会觉得让我下不来台。所以，他只好不做声。其实，这正是他为人的可贵之处。”人们都称赞蒋琬“宰相肚里能撑船”。

曾国藩一生受儒家、思想影响极大，十分强调儒家所说的“恕”，说“做人之道，圣贤千言万语，大抵不外‘敬’、‘恕’二字”。又认为，“敬、恕二字，细加品味体察，确实觉得一刻也离不了。敬字当头，就会谦逊而不放狂；忠恕待人，就会不被私人掩遮。”

早年曾国藩在长沙岳麓书院读书时，有一位同学性情偏躁。因曾国藩的书桌放在窗前，那人就说：“我读书的光线都是从窗中射来的，不是让你遮着了吗？赶快挪开！”曾国藩果然照他的话移开了。曾国藩晚上掌灯用功读书，那人又说：“平常不念书，夜深还要聒噪人吗？”曾国藩又只好低声默诵。不久曾国藩中举人，传报到时，那人更大怒说：“这屋子的风水本来是我的，反叫你夺去了！”在旁的同学听着不服气，质问他：“书案的位置，不是你叫人家安放的吗？怎么能怪曾国藩呢？”那人说：“正因如此，才夺了我的风水。”同学们都觉得那人无理取闹，替曾国藩抱不平，但曾国藩却和颜悦色，毫不在意，劝息同学，安慰同室，无事一般。可见青年时代曾国藩的涵养和气度就很不一般。当时的书院院长欧阳坦斋知道此事后，夸赞说：“国藩大度，必成大器。”

曾国藩做人和交友都够胸襟坦荡，虚怀若谷，以诚相待，进而博取了人们对他的支持和真诚的帮助，也让他避免了许多不必要的麻烦，打下了事业成功的基础。

以德报怨　无我负人

宁人负我，无我负人，此待己之道也。天下之善，不必己出，此待人之道也。能行斯二者，于道其庶几乎？

——（元）张养浩《牧民忠告·事长第八》

《诗经·卫风》中有云："投我以木桃，报之以琼瑶。"就是说，你对我好，我对你更好。普通的朋友之间尚且如此，倘若胸怀宽广，对自己的敌人也能"投以木桃"，那他一定感激涕零，敬你为恩人一般。有权力责罚，却没有责罚；有能力报复，却不去报复，这就是一种宽恕，也是一种能够掌管他人的法宝。宽容待人、以德报怨的同时，敌人也就自然与你拉近了距离，成为你可以依靠的人了。

春秋时，梁国有一位叫宋就的大夫，曾经做过一个边境县的县令，这个县和楚国相邻界。梁国的边境兵营和楚国的边境兵营都种瓜，各有各的方法。梁国戍边的人勤劳努力，经常浇灌他们的瓜田，所以瓜长得很好；楚国士兵因为懒惰很少去浇灌他们的瓜，所以瓜长得不好。楚国县令因为梁国的瓜长得好，而对自己楚国的瓜长得不好感到很生气。楚国士兵心里嫉恨梁国士兵瓜种得比自己好，于是夜晚偷偷去破坏他们的瓜，所以梁国的瓜总有枯死的。

梁国士兵发现了这件事，于是请求县尉，也想偷偷前去报复破坏楚营的瓜田。县尉拿这件事向宋就请示，宋就说："唉！这怎么行呢？结下了仇怨，是惹祸的根苗呀。人家使坏你也跟着使坏，怎么心胸狭小得这样厉害！要让我教给你办法，一定在每晚都派人过去，偷偷地为楚国兵营在夜里好好地浇灌他们的瓜园，不要让他们知道。”

于是，梁国士兵就在每天夜间偷偷地去浇灌楚兵的瓜园。楚国士兵早晨去瓜园巡视，就发现都已经浇过水了，瓜也一天比一天长得好了。楚国士兵感到奇怪，就仔细查看，才知道是梁国士兵干的。

楚国县令听说这件事，详细地报告给楚王。楚王听了之后，又忧愁又惭愧，把这事当成自己的心病。于是，告诉主管官吏说：“这是梁国人在暗中责备我们呀。调查一下那些到人家瓜田里破坏的人，他们还有其他罪过吗?”于是拿出丰厚的礼物，向宋就表示歉意，并请求与梁王结交。楚王时常称赞梁王，认为他能守信用。所以，梁楚两国的友好关系，是从宋就开始的。

以德报怨是不容易做到的，它需要人有一颗宽容之心。这是一种道德上的策略和智慧，是化解矛盾的重要手段。孔子是不太赞成“以德报怨”的。他说：“如果以德报怨，那么用什么来回报恩德呢?应该以直报怨，以德报德。”孔子“以直报怨”之说有一定的道理，但是对官员而言，要提出更高的道德要求。

宋真宗时，王旦担任朝廷宰相之职。寇准见王旦官职在自己之上，感到自己屈才，所以他在见到皇帝的时候，言语之间总是不知不觉就会提到王旦，而且不由自主地对王旦的言行有所诋毁。在朝廷之上，寇准也曾公开指责王旦的缺点。反过来，王旦认为寇准忠心耿耿，身为重臣努力做好自己的本职工作，足以担当大任。因此，每次在皇帝面前，王旦都专门称赞寇准的优点，

有一次，宋真宗和王旦私人交谈的时候，就问道：“你经常称美寇准，寇准他却数次说你的短处，你为什么能这样做呢?”王旦听了，微微一笑，说：“我在相位已经这么久了，缺失一定很多，但因职位较高，一般大臣都不敢指出我的缺点。而寇准能够直陈我的不足，可见他是如何地忠贞直率，这也是臣下看重他的原因。有这样的大臣，既是国家之

福，也是我的良师益友啊!”

“初唐四杰”之一的骆宾王，曾参加过开国元勋徐懋功的长孙徐敬业发动的叛乱，写了一篇讨伐武则天篡权夺位的的檄文。檄文的前半篇列数了武则天的罪行，后半篇号召天下响应起义，文章声色俱厉，气势磅礴。武则天刚刚读到这篇文章时，对那些辱骂她的话根本没当回事，但后来读到“一抔之土未干，六尺之孤安在”时，却一下子收起了笑容，连忙问旁边的侍从这文章是谁写的。当他得知这篇文章出自骆宾王之手时，赞叹不已，十分惋惜地说：“这么好的人才没有得到重用，是宰相的过错!”

面对某些看似“不负责任”的批评，官员如果只盯住表面情绪，只顾“以牙还牙”，就无法见微知著，从更深层次看问题；更不能防患于未然，从根本上纾解民忧、化解民怨。其实，参与就是认同，牢骚意见里往往包含着民众的信任期待，而这恰恰是宝贵的治理资源。进一步讲，即便批评真的失当，只要不是诽谤造谣，同样需要宽容对待。一方面，相对于有关部门而言，公民所掌握的信息资源毕竟有限，使得批评监督不可能绝对准确；另一方面，批评监督是宪法赋予公民的权利，官员接受批评监督，也包括接受不准确的批评监督。如果不让讲错话，就不会有人讲真话；如果拒绝接受“失当批评”，就会逐渐滑向拒绝接受一切批评。

作为公民，官员也可以凭借法律维护自己的名誉权。可是，法律维护的是权益，而不是官员的权威。面对批评，如果首先感觉到的是权力受到挑战，权威受到质疑，假借维护权益的名义，动用权力资源，去覆盖甚至淹没批评、举报的声音，只能说是一种不负责任的表现。官员的权力，来自人民的授权，也因此有了种种他人难以企及的特权。但是，拥有特权，意味着官员对批评、质疑乃至举报要有更强的承受力、自制力，并作出理性、合理的回应，而不是动辄反击，睚眦必报。否则，就会令公众寒心，社会失望，甚至触犯“报复陷害罪”，掉进法律的“陷阱”。

劳而不伐　有功不居

劳而不伐，有功而不德，厚之至也。

——《周易·系辞上》

不居功自傲是中国传统文化中所推崇的美德。作为官员，在工作中建功立业是正常的事情，但是“尽责不言功”却并非易事。

丙吉是西汉鲁国人，他为人厚道，通大义，有功从不夸耀。汉武帝晚年时，宫中发生诬陷太子的冤案，太子身边的人皆连坐受害。太子的孙子刚出生几个月也被株连关在狱中。丙吉参与审理此案，心知太子蒙冤，他几次奏报此案证据不足，都被武帝呵斥。丙吉怜悯皇曾孙无人照顾，特选派谨慎忠厚女子前去保护养育，丙吉每天再三到狱中探望。

丙吉的朋友担心他为此惹祸，多次劝他：“太子一案乃皇上钦定，避之尚且不及，你何苦为其辩白，又照顾他的孙子？人们会怀疑你是太子的同党。这是聪明人干的事吗？”

丙吉却坚定的说：“做人不能不讲仁德，这本是冤案，况且皇曾孙还是个娃娃，他何罪之有？我看着不忍，人不能昧良心。”

后来武帝有病，又听传言说长安狱中有天子之气，遂下诏将长安的犯人一律处死。使臣连夜来到皇曾孙所在牢狱，丙吉不放使臣进入，他气愤地说：“无辜者尚不致死，何况一个娃娃呢？我不会让人们这样做的。”

使臣见状说：“此乃皇上旨意，你敢抗旨不遵，岂不自寻死路？你真太愚蠢了！”

丙吉誓死抗拒使臣，他决然地说："我非无智之人，这样做只为保全皇上的名声和皇曾孙的性命及无辜之人。事情如此紧急，我若稍有私心，大错就无法挽回了。"

使者只得回去急奏汉武帝。汉武帝闻言醒悟，没有追究丙吉，并赦免了天下。丙吉所管的犯人因他而得以幸存。

数年后，皇曾孙刘询为帝，即汉宣帝。丙吉却绝口不提这份恩德。家人对他说："你对皇上有恩，若当面告知皇上，你必会升迁。这是别人梦寐以求之事，你怎么能闭口不说呢？"丙吉微微一笑说："身为臣子本该如此，我有幸回报皇恩一二。若是以此买宠求荣，岂是君子所为？此等心思，我向来绝不虑之。"

后来宣帝知晓了丙吉的恩德，大为感动，夜不能寐，敬重之下，封丙吉为博阳侯。而此时正赶上丙吉得病，宣帝非常忧虑，大臣夏侯胜奏道："臣闻有阴德者，必享福乐并惠及子孙。如今丙吉未获善报，定非不治之疾，请陛下宽心。"不久丙吉果然痊愈，受封博阳侯，代魏相为丞相，世称贤相。

丙吉坚持幼儿是无罪的，不顾有可能会因触犯天颜而给自己带来灾祸，舍命救下了皇曾孙；而当所救之人日后登上皇位时，却绝口不提这份恩德。如此的品德，的确让人肃然起敬。这是因为丙吉认为做臣子的本该如此，这才是君子所为。而这恰恰是传统文化中君君臣臣的思想：在其位就当尽职尽责做好自己的本分，面对功劳则应该谦逊、不居功。

孔子曾经赞扬孟之反不自夸的谦逊精神。据《左传》记载，哀公十一年，鲁国与齐国作战，鲁军大败，作为统帅之一的孟之反留在后面掩护大军撤退。当大家都安全撤回而迎接他最后到达时，他却故意鞭打着马说："不是我敢于殿后，而是我的马跑不快呀！"其实，孟之反不自夸，谦逊只是原因之一。原因之二还在于他不愿居功，以免引起其他将领和同僚的妒忌。

自古以来，建立大功又得善终的人不多。刘邦在夺取政权后与群臣有一段著名的“三不如”的对话：“夫运筹策帷帐之中，决胜于千里之外，吾不知子房；镇国家，抚百姓，给馈饷，不绝粮道，吾不如萧何；连百万之军，战必胜，攻必取，吾不如韩信。此三者，皆人杰也，吾能用之，此吾所以取天下也。”刘邦本一个乡村无赖，他的最大的官职只做到亭长，顶多只相当于现在一个村长，但他却夺取了天下，关键在于刘邦在取得胜利前会用人，而且会用各种不同人才，将他们的才干充分调动出来，服务于自己的大事业，这正是刘邦的成功之处。但是，当他的朝廷稳定后，他就大肆杀戮功臣，给那些功高盖主者上了血腥的一课。

人们都知道“飞鸟尽，良弓藏；狡兔亡，走狗烹”的典故。这个典故时刻都在提醒人们，成功之位不易处，尤其是在握有生杀大权的君王面前。从中国数千年的历史经验来看，发生这种事情，是由主观、客观两个方面决定的，并不能完全归咎于某一方。上司的防范猜疑、同事的眼红嫉妒，属于客观的情形；自我膨胀、居功自傲，则属主观的原因。大凡立下汗马功劳而能够保全身家性命的，多是一些居功不自傲、急流勇退的人。因为只有不居功，才能在为人处世上取得成功。譬如范蠡功成身退，不理朝政，隐身江湖之远以求自保。又如曾国藩，高调做事，低调做人，成为晚清朝廷赖以依靠的顶梁柱。

有功而自傲，是人之常情，不足为奇；有功而不居功自傲，则是一种谦卑的态度，常人难以做到。譬如范蠡、曾国藩，之所以能够在封建社会既能驰骋疆场，又能全身而退，立于不败之地，于他们谦卑的态度不无关系。

历史告诉我们，封建社会的官员不居功自傲，一部分是出于内心的道德约束；另一部分则是为了自保。而在现代社会，官员不居功，其本质与以往截然不同。社会主义国家的领导干部只是人民的一分子，没有人民群众的努力，官员根本不可能“建功立业”。因此领导干部不居功，是因为功劳属于人民，而不是属于官员个人。明白了这一点，才能从根本上做到不居功自傲，从而彰显官德。

容人之短　展人之长

人之过误宜恕，而在己则不可恕；己之困辱宜忍，而在人则不可忍。

——（明）洪应明《菜根谭》

俗话说：“金无足赤，人无完人。”作为领导干部，要用人之长、容人之短，才能为才是举，开创团结工作的好局面。唐代陆贽说：“若录长补短，则天下无不用之人；责短舍长，则天下无不弃之士。”人的成长受多种因素的影响和制约，因此一个人各方面发展是不平衡的，必然有所长和有所短。一个人如果没有缺点，那么他也就没有优点。领导干部在用人时必须要有“容人之短”的度量和“用人之长”的胆识。

孙嘉淦在清朝雍正年间任职，享有正直名声。他敢于直言争辩，扶正祛邪，就连雍正皇帝他都敢直言不讳地批评。孙嘉淦曾在上疏中，针对雍正迫害自己的兄弟、大肆授官、无故用兵三事，尖锐地提出“请亲骨肉，停捐纳，罢西兵”三条建议。雍正看后非常生气，召集朝中大臣传阅议处，说：“孙嘉淦原是这样一个狂生，决不能让他留在翰林院。”吓得诸臣都不敢说话。只有大学士朱轼回答了一句：“嘉淦确实是够狂妄，但他敢于直言进谏，为臣很佩服他的胆略！”雍正想了想也说：“朕亦服其胆！”结果孙嘉淦没有受到处分，后来反倒升为国子监司业。

在孙嘉淦任御史期间，他曾多次不顾个人的安危和前程，直言进谏，恪尽职守，参劾了一大批贪官污吏，为吏治作出了突出的贡献。在任地方官吏的时候，他更是勤政爱民，为民请命，最终成为了一代名臣。

孙嘉淦是由一位大臣举荐受到雍正皇帝的重用。然而，当雍正皇帝接见孙嘉淦的时候，孙嘉淦的表现却是不善言谈，脾气也古怪、固执。在旁人看来，这人是不可能被录用的。但是，雍正皇帝却留下了他，并任命他为御史。后来，下面的大臣问雍正皇帝，是怎么慧眼识珠的，雍正皇帝说“我用的就是他固执、不懂人情世故的短处”。雍正皇帝用人真正达到了用人的最高境界，那就是“善用人短”。雍正皇帝正是从孙嘉淦的短处看到了他铁面无私、刚正不阿的长处。

“人非圣贤，孰能无过?”实际工作中不犯任何过失、过错非常之难。某种程度上，从来不犯错误，就是平庸、保守的代名词；从来不宽容错误，只会扼杀改革、创新的激情和勇气。“水至清则无鱼，人至察则无徒。”一个单位要想整体充满活力、个个履职尽责、人人有安全感，领导干部就必须自觉克服过于追求完美的心理，防止过分挑剔细节和小节；克服“迁怒”心理，不因出现一些工作被动而对犯错者发泄怒火、严加惩处。一般来说，对待非原则的、非本质的、偶发性的错误，尤其是无心之错，都应以批评教育和提高思想认识为主，既责之切切，又言之谆谆，既给犯错误者以警醒和敦促，又提供改正的机会和平台，令其“知耻而后勇”，以实际工作成果回报组织，重新取信于领导。

春秋五霸之一的楚庄王有次宴请群臣，直喝到天都黑了，就点上蜡烛接着喝，这时蜡烛突然灭了。楚庄王的一个宠妃正在大臣席上敬酒，有个大臣喝多了，就趁黑暗调戏这位美人。美人一伸手把这个人的帽缨扯下来了，摸黑跑到楚庄王那里对他说：“刚才蜡烛灭后，有人调戏我，我把他的帽缨弄下来了，你赶紧命人点灯，一看就知道是谁了。”楚庄王说："是我让他们喝酒的，醉后失礼是人之常情，怎么能因此侮辱大臣呢？"马上命令群臣说："大家都把帽缨扯下来，一醉方休。"大臣们都把帽缨扯掉，然后点灯接着喝酒，尽欢而散。

三年以后，晋国与楚国交战，有一位大臣奋勇争先，五场战斗都冲杀在最前面，首先杀败了晋军。楚庄王感到奇怪就问这位大臣说："我的德行不够高，从来没有重视过你，你这次为什么奋不顾身呢？"这位大臣说："我罪当死，上次宴会上调戏美人的是我，大王您宽宏大量不治我的罪，我因此一定要为您肝脑涂地，冲锋陷阵。"

当然，领导干部容人之短，一定要在不违反基本原则的情况下。若是下属不称职，就要调离岗位，若是违法乱纪，也要依法依规予以惩戒。

能够容人之短固然不易，然而要做到容人之长则更难。领导者能够容人之短，既显示领导者的大度，又从而使自知不足者感恩，实乃两全其美之举。而容人之长则不同，需要的是领导者要有更加宽广的胸怀和人生的崇高境界。很多人当上领导，觉得职位比别人高，就产生了工作水平也比别人高的错觉，难免对超过自己的人产生一丝不易察觉的忌妒心，容不得对方。

领导干部不能容人之长，工作就不会有大发展。而若见贤让位，能者为上，能者为先，使用能力强的人，领导干部的形象会更加完美。正是使用了能人贤人，单位的工作会有新的起色，工作的效力也会大大提高。如此，则更加显示出领导者的高明。

容人之长的关键是以国家和人民的利益为重，这样领导干部不但能够容人之长，而且还会想方设法为人才发挥其长处创造条件和必要的环境。相反，以个人利益为重者，就不允许能人贤人超越自己。对于这些能人贤人则变着方法压一压，治一治，整一整。这样的单位，无疑是勾心斗角。这样看来，容人之长是不难做到的。只要出于公心，为人民大众着想，就没有搞不好的工作。

面对冒犯　难得糊涂

君子之所取者远，则必有所待；所就者大，则必有所忍。

——（北宋）苏轼《贾谊论》

人都有自尊，受到冒犯自然会愤怒，生出报复之心。有些官员可以主动关心别人，甚至以恩赐式的心态尽一些“人文关怀”，但绝对无法容忍别人的冒犯言行。领导干部能否包容冒犯，是有无雅量的显著标志。

《宋史》记载，有一天，宋太宗在北陪园与两个重臣一起喝酒，边喝边聊，两臣喝醉了，竟在皇帝面前相互比起功劳来，他们越比越起劲，干脆斗起嘴来，完全忘了在皇帝面前应有的君臣礼节。侍卫在旁看着实在不像话，便奏请宋太宗，要将这两人抓起来送吏部治罪。宋太宗没有同意只是草草撤了酒宴，派人分别把他俩送回了家。第二天上午他俩都从沉醉中醒来，想起昨天的事，惶恐万分，连忙进宫请罪。宋太宗看着他们战战兢兢的样子，便轻描淡写地说：“昨天我也喝醉了，记不起这件事了。”

大多数情况下，人们是不会主动、刻意去冒犯官员的，让领导干部感到刺耳、难堪的冒犯言行，其实往往都有原因。领导干部在受到冒犯的时候，要摒弃非和谐思维方式特别是斗争思维，不随意联想，不搞上纲上线，甚至借机打击报复。这样做，化掉的是无名之火和潜在冲突，赢得的是尊敬和拥戴。

唐代宗时，郭子仪在扫平安史之乱中战功显赫，成为复兴唐室的元勋。因此，唐代宗十分敬重他，并且将女儿昇平公主嫁给郭子仪的儿子郭暖为妻。这小两口都自恃有父亲作后台，互相不服软，因此免不了口角。

有一天，小两口因为小事拌起嘴来，郭暖看见妻子摆出一副臭架子，根本不把他这个丈夫放在眼里，便打了她一掌，还愤懑不平地说："你有什么了不起的，就仗着你父亲是皇上！实话告诉你吧，你父亲的江山是我父亲打败了安禄山才保全的。我父亲因为瞧不起皇帝的宝座，所以才没当这个皇帝。"在封建社会，皇帝唯我独尊，任何人想当皇帝，就可能遭满门抄斩的大祸。昇平公主听到郭暖敢出此狂言，感到一下子找到了出气的机会和把柄，立刻奔回宫中，向唐代宗汇报了丈夫刚才这番图谋造反的话。她满以为，父皇会因此重惩郭暖、替她出口气。

唐代宗听完女儿的汇报，不动声色地说："你是个孩子，有许多事你还不懂得。我告诉你吧：你丈夫说的都是实情。天下是你公公郭子仪保全下来的。如果你公公想当皇帝，早就当上了，天下也早就不是咱李家所有了。"说完对女儿劝慰一番，叫女儿不要抓住丈夫的一句话，乱扣谋反的大帽子，小两口要和和气气地过日子。在父皇的耐心劝解下，公主消了气，自动回到了郭家。这件事很快被郭子仪知道了，可把他吓坏了。他觉得，小两口打架不要紧，儿子口出狂言，迹近谋反，这着实叫他恼火万分。郭子仪即刻令人把郭暖捆绑起来，并迅速到宫中面见皇上，要求皇上严厉治罪。可是，唐代宗却和颜悦色，一点也没有怪罪的意思，还劝慰说："小两口吵嘴，话说得过分点，咱们当老人的不要认真了。不是有句俗话吗：'不痴不聋，不为家翁。'儿女们在闺房里讲的话，怎好当起真来？"听到老亲家这番合情入理的话，郭子仪的心里就像一块石头落了地，顿时感到轻松，眼见得一场大祸化为无形。

郑板桥说："聪明难，糊涂难，由聪明而转入糊涂更难。"领导干部面对民众的“冒犯”，既要“聪明”，又要“糊涂”。说“糊涂”，是要不以为忤；说“聪明”，是要积极应对、理智分析，找到症结。

官员要出于公心，以海纳百川的胸怀对待民众的顶撞，切不可因为顾及面子或威信而针锋相对，固执己见，把事情搞僵。作为领导可以把问题摆到桌面上谈，就事论事，展开有益的辩论。若民众的意见可取，要予以肯定；能采纳的要采纳，不能采纳的要讲明理由，请其理解。这样既可以帮助自己科学决策，又可以消除双方的误会，凝聚领导核心力。

对于冒犯自己的人，官员千万不能以权压人、简单行事，更不能仗势欺人、凌辱对方。这样既有损官员的形象，又不能解决问题，相反还会造成“剑拔弩张”之势，形成对峙而难以收场。因此，最好的办法就是进行“冷处理”，即坚持以静制动，以柔克刚，以理服人、以情动人的原则，明事理、析利弊、道缘由，让其明白政府决策的道理，以达成共识。

当前，经济社会的快速发展和人民利益诉求的多样化，给各级官员提出了更高的要求。许多民众的冒犯，都与领导干部的实际工作有着密切的关系。所以，这就要求官员不断加强学习，切实提高自身素质。领导干部不仅要有灵敏犀锐、立场稳定的政治鉴别力，更要有廉洁从政、无私奉献的精神，让群众信服。同时还要换位思考，注意与群众沟通思想，及时发现问题，解决问题，做到防患于未然。当受到冒犯时，官员要多作自我批评，认真进行自我反思，通过检查自己，发现自身存在的不足，从而改正错误，及时纠偏改错。除此，还要广开言路，让人民群众充分参政议政，凡事都充分发扬民主，这样许多冒犯就会避免，自己的威信也得到提高。

谦和忍让　唾面自干

有忍，其乃有济；有容，德乃大。

——《尚书·君陈》

曾国藩说：“盖打脱牙之时多矣，无一次不和血吞之。”人最难得忍受的是气，往往被气所激，做出不可收拾的局面来。唐朝是中国历史上屈指可数的昌盛王朝之一，人才辈出强手如云。因此飞扬跋扈之人俯拾皆是，而忍让谦和之士却如同稀有动物，难得一见。在凤毛麟角的后一类人物中，娄师德可谓出乎其类，拔乎其萃。

一次，娄师德与李德昭一同入朝。娄师德因为身体肥胖行动缓慢，李昭德多次等他他都不能跟上，于是很不耐烦怒骂道：“真受不了你这个杀千刀的乡巴佬。”娄师德听后不但不生气，反而笑着从容回答道：“如果我娄师德都不算乡巴佬，那还有谁是乡巴佬呢?”

娄师德的弟弟被任命为任代州刺史，将要赴任，娄师德问他：“我没有什么才能，却占着着宰相的位置。现在你又被任命为一州的长官，我们兄弟俩得到的荣耀宠爱实在是太多了，这容易引起他人的嫉妒，你用什么办法避免祸害呢?”

他弟弟就跪下说道：“从今往后，如果有人向我脸上吐唾沫，我就自己擦干唾沫，不跟他们冲撞。这样，大概可以不让哥哥担忧了吧?”

不料，娄师德听后却说：“你这样做更加叫我担忧！别人唾了你的脸，是因为生你的气。你擦了唾沫，这违反了他人的意愿，只能加重他人的愤怒。应该这样，他人朝你脸上吐唾沫，你不要擦，让它自己风干，并且还要笑着接受他人的唾沫。”“唾面自干”这个成语便来自这里。

如此说来，这娄师德一定是庸碌窝囊之辈了？其实不然。娄师德自幼才思敏捷，弱冠之年便进士及第，授江都县尉。唐高宗为了抵御吐蕃来犯，颁发《举猛士诏》，在全国范围内招募勇士。娄师德身为文臣，却积极应召入伍。他奉命出使吐蕃，与吐蕃将军论赞婆会于赤岭。娄师德在会谈中，一面宣扬唐朝廷休战求和之意，以此稳住吐蕃，同时趁机巩固河陇一带的防线，迫使吐蕃同意休战。此后数年，吐蕃不再犯边。

更为重要的是，娄师德善于赏识并举荐人才。狄仁杰被任命为宰相，跟娄师德在武则天面前的竭力推荐有直接关系。但狄仁杰对此事一无所知，他以为娄师德不过是个普通武将，挺瞧不起他的，一再把他排挤到外地任职。

武则天察觉此事后，便问狄仁杰：“娄师德贤明吗？”

狄仁杰说：“作为将军，谨守职责。贤明不贤明，我就不知道了。”

武则天又问：“他懂得赏识人才吗？”

狄仁杰说：“我曾经跟他同过事，没听说他懂得赏识人才啊。”

武则天笑着说：“我之所以任用你为宰相，就是因为娄师德推荐了你，他是真的能赏识人才的啊。”并随手拿出从前娄师德推荐他的奏章，给狄仁杰观看。狄仁杰看后十分惭愧，自叹弗如。

经验告诉我们：上等人有本事没脾气，中等人有本事有脾气，下等人没本事有脾气。娄师德就属于这“有本事没脾气”的上等人。

俗话说：“小不忍则乱大谋。”领导干部身居高位，要协调复杂的人事关系和利益冲突，如果没有谦和忍让的能力，反而会激化矛盾。

在镇压太平天国革命运动的过程中，湘军集团发展壮大起来，渐渐地督抚大帅纷出并立，与曾国藩官位相近者多达二十余人。这虽然促进了湘军的发展，但多中心的通病，就是内部矛盾加剧，甚至公开分裂，也将不可避免。湘军集团各督抚势必利害不能一致，甚至相互冲突，从而导致各行其是，乃至明争暗斗。而清廷虽然全面依靠湘军去镇压革命，但对湘军集团因此而急速膨胀壮大也不能不怀着隐忧。湘军集团的裂痕，正为清廷分而治之甚至促其公开分裂，提供了可乘之机。

基于这样的考虑，当江西巡抚沈葆桢与曾国藩掀起争夺江西税收的明争暗斗时，清廷就大力支持沈葆桢，不顾曾国藩的反对和困难，批准沈葆桢的截饷请求。当沈葆桢大闹意气，以告病假与曾国藩相抗时，迎承意旨的御史上奏说沈“所以力求引退者，特以协饷用人两端与曾国藩意见不合，而营员每次间伺隙，饰非乱是，是以沈葆桢知难而退”。清廷即据此不诏，表面上是训诫沈、曾两人，实际上对沈葆桢多方维持，对曾国藩则加以责难：“恐有耳目难周之弊”，要曾国藩“毋开小人幸进之门”，不要为人“任意播弄”。这样，就把沈、曾纠纷完全归咎于曾国藩一人。这不仅仅是向曾国藩泼一点冷水，使其不要忘乎所以，更重要的是，这还可以分化湘军集团，使沈葆桢成为其中敢于同曾国藩对抗、向清廷靠拢的引路人。沈葆桢自然有恃无恐，更倾心于清廷。正如沈葆桢自己所说：“且余知有国，不知有曾；予为国计，即有恩亦当不顾，况无恩耶?”这样，沈葆桢终于与曾国藩闹到公开决裂、“私交已绝”的地步。明白个中原因的曾国藩自然愈加“藏势收声”，谦恭对上，以求自全。

曾国藩最初对清廷各打五十大板的做法颇为不满，以辞职相要挟。但是，他善于审时度势，认识到闹下去对湘军、对自己、对朝廷都不利。这时，他的“忍”字诀又占了上风，以委曲求全来寻找共同点。这是曾国藩在处理“多山头”时的一种策略：内部一定要团结，别人才无机可乘。

我们正处在战略机遇期，各种问题和矛盾错综复杂，各级领导干部都有一定的压力和紧迫感。越是在这种情况下，就越要“每临大事有静气”，保持轻松的心态和冷静的头脑，做到谦和忍让，举重若轻。这样